展望日本の不動産証券化

不動産証券化への多面的アプローチ

久田勇夫／編著
KUBOTA

大成出版社

推薦のことば

　このたび、国土庁の当時の次官の諮問に応えた「不動産の証券化に関する研究会」の報告書と、その関係者による諸論文が一冊の本として刊行されることになりました。

　この報告書は、このテーマについて幅広い観点からとりまとめられていることから、専門家の間で好評であり、その刊行を希望する声が強かったと聞いていました。なお、この本では、この研究会に参加したそれぞれの道の専門家を中心として、将来の不動産の証券化の行方、そのための好ましい施策や検討課題についての小論文が付け加えられています。

　その結果、本書は不動産の証券化のビジネスをしている人にとっても政策当局にとっても誠に有益なものとなったと思います。

　今後、少子高齢化社会の到来と共に、我が国の家計が有する1,300兆円を超える貯蓄をどう活用するかは、我が国の大きなテーマであります。

　不動産の証券化は、不動産関連業界のみならず、魅力的な金融商品を求める投資家にとっても歓迎すべきものと考えています。

　本書を広く世間に推薦したいと存じます。

平成12年11月15日

　　　　　　　　　　　　　　　　　　国土庁長官　　　扇　　千景

出版にあたり

　いわゆる「ＳＰＣ」改正法の施行とともに、不動産関連業界、金融界、年金基金などの機関投資家、さらには一般投資家の不動産証券化への関心が急速に高まっている。その中で本書を世に問うことになった。
　類書も少なくはないが、金融および不動産の双方からのアプローチによりバランスのとれた分析を試みたこと、それぞれの関係者が将来の進むべき方向を探ったこと、マクロ経済の観点や、我が国の国益の観点からも本問題をとらえていること、将来の好ましい政策を具体的に示唆していることなどから、本書はユニークなものになったように思う。
　実は1年以上前、外国の金融機関が我が国の不動産をベースに、外国人向けに金融商品を作り、これを積極的に販売しているのに注目した。そして、なぜ国内の投資家に向けた同様の商品が作られていないのだろうかという疑問を抱いたのである。国内投資家向けに為替リスクのない円建ての不動産証券化商品が作られないのは何故か。もしその商品の利回りが魅力的なものであれば、それは利回りの低い金融資産に満足していない国内の投資家にとっては歓迎すべきことのはずである。また、それは1,300兆円を超える家計の有する資金の有効活用という面もあるはずである。
　そこで、平成11年の12月に不動産の証券化に関連する各分野の、それぞれの道に深い経験と知識を有する人にそのメンバーをお願いして「不動産の証券化研究会」を設立した。この研究会は、翌年の3月までの短い期間に10回の会合を重ね、時として激しい議論もした結果、4月には立派な報告書が出来あがった。
　この報告書の特色は、不動産の証券化のスキームといった技術的な点にとどまらず金融面も併せて検討したこと、民間貯蓄の有効活用といったマクロ経済の視点も重視したこと、不動産の証券化に関連する各種の項目（不動産の有効利用、関係税制、年金の運用、個人貯蓄のあり方、など）を包括的にバランス

よく取り扱っていること、分析の手法として各界の要望の積み上げにとどまらず演繹的アプローチもとったこと、などであろう。

このような「報告書」が広く世間に読まれることはかねがね期待していたところである。

そこで、大成出版社から、この「報告書」を出版したらとのお話をいただいたとき、大変有難いと思ったのである。

その際、本研究会の関係者が、それぞれその得意の分野について、「報告書」に取り上げられたものもそうでないものも含めて、その考え方を紹介したらどうかということになった。「報告書」の理解を助け、また問題の所在を明らかにする効用もあると思われたのである。そこでこれらを第一部とした。そういう経緯もあって、この部分の各人の主張にはいわば意見の不一致もみられることだろう。当然のことながら、各人の意見はその個人の意見であり、その属している機関のそれではない。

この第一部では、まず不動産証券化の展望をとりあげた後、年金、不動産事業者、税理士等の実務家などそれぞれの立場からみた不動産証券化の現状と将来が紹介されている。外国から見た我が国の証券化も理解の一助となろう。

続いて、不動産証券化と税制、デューデリジェンスと情報開示、債券市場の改善、鑑定評価といった「報告書」でも採りあげられている主要項目について今後の政策のあり方が論じられている。最後のポートフォリオ投資理論からの考察は、本件をアカデミックにとらえようとする読者を満足させるであろう。

第二部は、「報告書」の本体である。注意深く書かれているので、熟読玩味していただければ、いろいろと貴重な示唆を得られるものと考えている。

なお、日本語を解さないが本テーマについて関心を持つ人がいればと思い、稚拙ながら私の英文のスピーチの原稿を付録として付けさせていただいた。

最後に、本書が日の目を見るにいたったのは、ひとえに多くの関係者のお陰であることを、深い感謝の気持ちを込めて、記しておきたい。

私が勤務した国土庁の関係者の皆様には、とくに研究会の設立以降、資料の作成、議論の整理など「報告書」の完成までを中心に大変お世話になった。

また、本書の出版が可能になったのは、当然のことながら大成出版社の関係者のお陰である。とくに編集第2部の大塚徳治様には格別のお世話になった。その激励と督励無くしては本書がこれほど短期間に完成することはなかったであろう。

平成12年11月15日

（前国土事務次官）

久保田　勇夫

展望　日本の不動産証券化
―不動産証券化への多面的アプローチ―

編著者・執筆者一覧

編著者
▼

久保田勇夫　〔前国土事務次官〕

執筆者
▼

浅井　裕史　〔三井不動産(株)不動産証券化推進部長〕
泉部　　充　〔いずみ會計社代表（税理士）〕
大川　陸治　〔東急不動産(株)常務取締役・資産活用事業本部長（不動産鑑定士）〕
沖野登史彦　〔UBSウォーバーグ証券会社株式調査部ディレクター〕
亀谷　祥治　〔日本大学大学院グローバル・ビジネス研究科教授〕
近藤　　章　〔埼玉大学経済学部客員教授〕
新門　義昭　〔東洋土地建物(株)顧問〕
久恒　　新　〔都市経済研究所代表取締役（不動産鑑定士）〕
藤井　睦久　〔年金福祉事業団理事〕

（五十音順）

目 次

展望 日本の不動産証券化 ─不動産証券化への多面的アプローチ─
目　　次

推薦のことば

出版にあたり

第Ⅰ部　不動産の証券化をめぐる論考集

不動産証券化の展望（マクロ経済の視点から）／久保田勇夫──1

年金からみた不動産の証券化／藤井睦久──9

不動産事業者からみた不動産の証券化／浅井裕史──14

実務家からみた証券化への期待／泉部充──20

外国からみた日本の不動産証券化／沖野登史彦──25

不動産証券化における税制問題／新門義昭──32

証券化を拓くデューデリジェンスと情報公開／久恒新──42

債券市場における改善すべき点／近藤章──63

不動産の証券化と鑑定評価／大川陸治──72

ファイナンスアプローチによる不動産証券化に関する一考察／亀谷祥治──80

第Ⅱ部　研究会報告書

「不動産の証券化に関する研究会」報告書の概要──91

「不動産の証券化に関する研究会」報告書──95

付　録

"Securitization of Real Estate in Japan"（講演原稿）／久保田勇夫──177

第Ⅰ部

不動産の証券化をめぐる論考集

不動産証券化の展望
（マクロ経済の視点から）

久保田勇夫

（不動産証券化の意義）

　いわゆる「不動産の証券化」には、種々の形態のものがある。そのベースとなる不動産へ投資してそこから引き出されるキャッシュフローをベースにして証券化商品を作るもの、代表的な不動産投資ファンドのようにそのようにして作られた証券化商品をたばねてこれをベースとして投資家から小口の資金を募るもの、例えば、将来返済される住宅ローン債権を見合いにして作られるようないわゆる資産担保証券（ＡＢＳ）などである。このような各種の広い意味での不動産の価値を仮体した証券を、場合によりそれらに関する金融派生商品を含めて、「不動産の証券化商品」と、そのプロセスを「不動産の証券化」と呼ぶことが適切であろう。（ちなみに国土庁の「報告書」も同様の使い方をしている。）

　この不動産の証券化は、1998年に「特定目的会社による特定資産の流動化に関する法律」（いわゆる「ＳＰＣ法」）が成立して以来、急速に注目を集めるにいたった。その後、とくに1999年以降、次にみられるような各層の事情を背景として漸くビジネス面でその動きが活発となった。この傾向は今後とも、勢いを得つつ強まるのではないかと思われる。

　その理由は、次のとおりである。まず不動産、とくに土地を保有する不動産業界にとっては、引き続き、何らかの形で手持不動産を対象として資金を取り入れ、これを「流動化」したいとの要請が強い。地価が引き続き一般的に下落している下では、不動産の証券化を通じて保有不動産を手放し財務諸表から切り離すことは、その企業のバランスシートの悪化を食い止める要因となる（厳

格な連結財務諸表の作成が義務づけられればこの効用はさらに強まることになる。）とくに不動産についても、「その簿価は時価によるべし」とする、いわゆる時価主義の要請および厳格な親子企業間の連結財務諸表作成の要請は、この傾向をさらに強めることとなろう。のみならず、証券化に伴う新たな資金の流入は、当該企業の流動性の強化、債務の弁済を可能にし、それだけその財務体質の改善をもたらすことになる。

　また、広く不動産を保有する一般の企業も、不動産の証券化により、その企業自身の財務体質の良し悪しにかかわらず、その保有する特定の不動産の現在および将来の秀れたキャッシュフローに注目して、相対的に安く資金を調達することが可能となる。財務体質の弱い企業にとっては、これは、コストのより安い資金調達手段であり、場合により、唯一の追加的な資金調達手段であろう。例えば、その財務内容が余り良くないために社債の発行が出来ない場合や、銀行からの借り入れが無理な場合がそうである。

　また、金融機関に典型的にみられるように、自らの自己資本比率を高めようとする企業や、ＲＯＡの改善を目指す企業にとっては、その保有資産を減らすこととなる不動産の証券化はそれらの目的達成に資する手段となる。不動産の証券化が結果としてその企業の収益の向上をもたらせば、それはＲＯＥの上昇をもたらすことにもなる。

　資金の運用者にとっても不動産の証券化の進展は好ましい結果をもたらす可能性がある。現在、我が国では、いわゆる超低金利政策の下で預金金利は0.1パーセント程度の異常な低さにある。後述のとおり、銀行の財務体質は世界的にみてかつて程強くはなく、他の金融資産にくらべて魅力的な預金金利を約束しうるような状況にはない。我が国の家計も早晩、より利廻りの高い金融資産、とくに証券への嗜好が強まるであろうが、不動産の証券化は、その契機ともなりうるし、また家計に対して新しい種類の商品を提供することをも意味する。

　機関投資家や年金基金にとっても不動産の証券化は潜在的に大きな意味を持つ。それは、他の商品にくらべてより利廻りが高いというメリットを持つ可能性があるからだけではない。不動産の証券化商品は金融商品として、預貯金や

通常の債券や株式とは異なった特性を持っているからである。機関投資家や年金基金の運用者は、この他とは異なるパフォーマンスの特性を有する不動産証券化商品をそのポートフォリオの一部に組み込むことによって、その運用資金全体のリスクと収益のフロンティアを拡大させることが出来るのである。

かくして、不動産の証券化には、さまざまな部門で有意義な結果をもたらす可能性がある。現時点では、それが必ずしも十分に現実のものとされていないだけでなく、その可能性の存在すら十分に認識されていないのではないかと思われる。「報告書」は、その辺のところを次のように述べている。

「環境が十分に整備されてないことも事実であるが、不動産の証券化が現状程度にとどまっているのは、投資家、特に各種年金の運用者、不動産等原資産の保有者、商品の組成者、これを仲介する者など関係者に、現在提供されている機会を精一杯活用し、これに積極的に取り組もうとする意気込みがなお不十分であることも一因であろう。関係者の新しい事業に対する進取の気性が期待される。」

（不動産の証券化とマクロ経済）

不動産の証券化に関する今後の施策や採るべき行動については、これまでの制度改正を支えてきたのがビジネス界であったこともあり、関連業界から各種の提言が出されている。もっとも明瞭な主張は、不動産の証券化はそれ自体が好ましいものであるので、これを促進させるために政策としてあらゆることをすべきではないか、とくにその関係する税を軽減、あるいは免除すべきである、というものである。

しかしながら、不動産の証券化の一層の進展が好ましいのは、それが一部のセクターや一定の人々に利益をもたらすからではない。それは不動産の証券化の進展が、金融および実物資産（この場合には不動産）の両面において資源のより効率的な配分をもたらし、我が国経済の質を高め、ひいては我が国国民の厚生の向上をもたらすからである。不動産の証券化に関する将来の政策や具体的な行動の提言も、これらの可能性を現実のものにするという観点に立ったも

のでなければならない。そういう立場に立てば、一見、不動産の証券化に関係ないようにみえる事項であっても、不動産の証券化のもたらすメリットを現実のものにするために必要と思われる政策や具体的行動が、その検討対象とされなければならない。後述のとおり、「報告書」が証券市場の一層の整備や不動産情報の開示、公開の促進についても提言しているのは、そういう趣旨に基づいている。

　さらにその採るべき施策も、何よりもまず、不動産の証券化がそういうマクロ経済上の目的を達成するものであるからこそ好ましいという観点からその採否が決められるべきであろう。

　ここに、不動産の証券化が金融面での資源のより効率的な配分に寄与するという意味は、次のとおりである。

　「報告書」が述べているとおり、我が国の家計の貯蓄は1999年3月末時点で1,316兆円（1ドル110円としてこれを換算すれば、11兆9,600億ドル）と世界でも有数の金額に達している。そのうち、現金および預金が723兆円と全体の55パーセントを占め、保険・年金準備金が364兆円と28パーセントを占めている。この両者を合わせた、いわゆる安全資産は、全体の8割を超えていることになる。このような資産構成であること、とくに現金および預金が全体の55パーセントを占めているということ、近年においてもそのパターンが変化していないことが、他の先進国とは際立った特色である。

　近年、世界的にみて、銀行は他の優良な企業にくらべて財務面での競争力を落としてきており、その結果、預金に付される利子率も相対的に低下してきている。その背景としては、1980年代前半のメキシコをはじめとする途上国累積債務問題の処理、それ以降の国内におけるバブルの発生とその処理を通じ、主要国の銀行の財務体質が相対的に低下してきたことがある。

　言うならば、その結果として金融機関の提供する預金という商品の魅力が、一流企業の提供する商品である社債や株式にくらべ見劣りするものになっているはずである。不動産の証券化によって、家計に対して新たな種類の証券が提供されることとなり、家計の有する貯蓄全体に対する運用利回りを引き上げる

ことが期待される。

　なお、年金基金やその他の機関投資家にとっては、前述したとおり、不動産証券化商品は単に利回りの高い商品の登場というだけでなく、通常の金融資産とは異なる要因によってパフォーマンスが定まるという点で、すなわち、他の金融資産とは異なる特性を持っているという点でメリットがある。したがって、これを当該運用資金のポートフォリオに組み込むことにより、その運用資金全体のリスクと利回りのフロンティアを拡大させることが出来るのである。

　次に不動産の証券化は、実態経済の面で、いわゆる資源の効率的配分を促進する可能性がある。まず、その対象とされる不動産について、その純粋経済的価値に基づき商品が作られることになることから、その商品の利回り等を通じてそれぞれの不動産の経済的価値がより明瞭となる。その結果、経済的な価値の高い不動産は、それに見合う高い生産性を有する事業目的に使用されることとなる。すなわち、不動産の証券化には、そのプロセスにおいて、それぞれの不動産がその持っている潜在的経済価値にふさわしい使われ方をすることを促すことになるのである。言い換えると、真の意味での「不動産の効率的利用」を進めることになる。

　なお、世上、例えばこれまで未使用だった土地の上に建造物が建てられることをもって「不動産の効率的利用」と言われることがあるが、単に利用されることをもって「効率的利用」と言うのは適切ではなかろう。マクロ経済の観点からいえば、不動産が単に何らかの目的で使用されることが最終目的ではなく、最も効率的に使われることが本来の目的であるはずである。

　さらに不動産の証券化の進展によって、不動産投資と運営管理に関連するさまざまな分野で、新しい事業機会や雇用機会が創出されることが期待される。すなわち関連分野での雇用の創出が期待されるのである。

　「報告書」は、そのような可能性のある分野について、次のように述べている。

　「(その分野は)具体的には、投資家の融資判断に資する投資情報を提供するサービスや、証券化対象不動産の管理を行い当該不動産の価値を維持・向上

させる（キャッシュフローを増加・安定させる）プロパティマネジメント、不動産の取得・管理・運営・処分などについて、プロパティマネジメントなど他の関連する業務を統括のうえ、専門的な立場から助言したり、またはそれらを一任され実行する不動産投資顧問会社（運用会社）などが挙げられる。」

これ以外でも、不動産関連情報の収集、分析、提供、新たな不動産証券化商品作成のビジネス、当該商品の販売等も雇用機会の拡大が期待される分野であろう。

（今後の諸施策と行動の方向）

不動産の証券化が我が国における資源の効率的配分に寄与し、その経済の質の向上をもたらし、ひいては国民の厚生の向上をもたらすというマクロ経済上の見地から好ましいものがある以上、今後の政策もこれを促進するかどうかに立脚して模索されなければならない。報告書が、不動産の証券化は次の点から好ましいとしているのも同様の趣旨である。

「(不動産の証券化の進展は) 結果的に、我が国経済全体を見ると、貯蓄者がより高い利回りを享受し、資金の調達者がより低いコストで円滑に資金を調達し得ることになり、それだけ我が国全体の経済の効率化、国民の福祉の向上をもたらす」

今後とるべき施策や行動については、「報告書」は、政府、関連業界、貯蓄者、年金基金運用者の各般にわたり、今後のあるべき施策や具体的な行動について実にさまざまな具体的な提言を行っている。これらの提言は、関連する各章に埋め込まれているが、これを若干の補足を含めてまとめてみれば以下のとおりとなろう。

(1) 不動産証券化商品の作成に関する事項

(イ) より魅力的な商品の作成が可能となるよう、①不動産取引価格や資料など不動産関連情報をできるだけ開示し（そのための環境設備も必要）、②不動産関係のインデックスの整備を図る、③不動産鑑定手法の充実と不動産鑑定上の資質の向上を図る、等基礎的なインフラの充実を図るべきであ

る。
- (ロ) 高度の証券化技術等をもちあわせているが現に不動産関係事業に従事していない者も容易に証券化商品の作成事業に参入しうるような環境を整備すべきである。
- (ハ) 関係者は不動産証券化商品を含め、証券に対する潜在的需要を正確に認識すべきである。

(2) 貯蓄者に関する事項
- (イ) 年金基金や機関投資家は、①公的規制の緩和のメリットを反映した運用ルールの設定、②変化する状況に応じた弾力的な資金運用、③異なった特性をもった新商品への適正な投資、等を通じてその運用のパフォーマンス向上を求めるべきである。
- (ロ) 家計は、金融界における伝統的な銀行業務の役割の変化、内外の投資環境の現状を踏まえて資金のより有効な運用に努めるべきである。

(3) 証券市場などに関する事項
- (イ) 不動産証券化商品を含め、広く証券がその金融界に期待されている役割を果たし得るよう、①証券市場の一層の整備、(とくに個々の社債、国債といった個別証券対策以外に、市場政策が必要)、②商品の流動性の増加を意識した商品設計、発行・流通市場の整備、等を図るべきである。
- (ロ) 不動産証券化商品が投資しやすいものとなるよう、①商品の小口化、各種のファンドの創設等商品の工夫、②株式、社債、国債等、広く他の類似商品の品ぞろえの一環として顧客に示される等販売面の工夫、③不動産証券化商品についての市場の整備、等が必要である。

(4) 事業者等に関する事項

その不動産の「流動化」のメリットのほか、その資金調達手段としての機能やＲＯＡ、ＲＯＥ、自己資本比率改善の効能がより広く活用されるべきである（この点は、最近、急速にその認識が進んでいるようである。）

第Ⅰ部　不動産の証券化をめぐる論考集

（国際的観点からのメリット）

　最後に、不動産の証券化は、国際的観点からも、我が国経済に資することをつけ加えておきたい。

　我が国は衆知のとおり、世界第一の対外債権国であり、資本輸出国である。1999年末でその対外資産残高は84.7兆円となっている。また、我が国の個人や機関投資家や一般企業の海外の金融資産の取得額も年々巨額なものとなっている。ちなみに、1999年には、これらの我が国の投資家は、3.7兆円の海外の株式及び8.5兆円の海外の中長期債券を取得している。

　これらの資本輸出の中には、我が国の円建ての預金や証券の利回りの低さを嫌って、表面上の利回りが高い米ドル建ての預金や債権に向かっているものもあると思われる。ところが、これら外貨建商品には、①よく知られているように為替リスクが存在（将来、円高に進めば元本が減少する）するほか、②外貨から円、円から外貨への転換に為替手数料が課される（小口の投資の場合、1ドルにつき往復2円かかるように設計されているものもあるようである。）等、必ずしも表面上の高い利回りを額面通り評価し得ない要素を含んでいる。

　不動産証券化の動きを契機として国内で魅力的な金融商品が増大すれば、このような商品に投資する必要性は減ってくるものと思われる。

　それは貯蓄者自身にとっても好ましいことであろうが、国家的見地に立っても、1,300兆円を超える家計の貯蓄を国内目的のためにより多くふり向けることになるというメリットも持つ。すなわち、これらの資金を国内目的のために活用しうることになるのである。その重要性は、我が国の現時点の財政赤字や国および地方の債務残高の巨額さに留意すれば自明であろう。

　「報告書」が、不動産の証券化との関連でいわゆるPFIについて言及しているのも、それが豊富な民間の貯蓄を国内目的に活用するという点において、同様の意義を有しているからである。

年金からみた不動産の証券化

藤井　睦久

（不動産投資の現状と環境変化）

　米国の年金が平均して資産の3％前後、大手公的年金では5～8％を不動産に投資している基金もあるのに対し、我が国年金の不動産投資比率は1％未満にとどまっている。

　これは不動産投資の抱える特有のリスクと言った問題もあるが、より直接的には、バブル経済が崩壊するまでの我が国の不動産投資が、右肩上がりの地価上昇を前提にしたキャピタルゲイン（不動産価格の値上がり益）狙いの投資が主流であったためと思われる。収益還元法に基づく不動産投資は行われておらず、投資市場としては未整備な状況であった。とくに年金は当時簿価主義の決算をおこなっていたため、一定のインカムゲインが必要であったが、不動産投資から得られるインカムゲインは3～4％と債券投資のそれより低く魅力ある投資ではなかった。また長期保有によるキャピタルゲイン狙いの投資を行った基金も、結局はバブル崩壊後の地価下落によりかなりの損失を出し、不動産への投資はその後ますます減少していった。

　しかし最近に至り不動産投資をめぐる環境は大きく変化しつつある。地価が下落するなかで、オフィスビル等収益用不動産の価格は徐々に収益還元法による価格で取引されるようになり、リスクに見合う一定のリターンが期待される状況になりつつある。債券の金利が2％程度にまで低下した現在、インカムゲインの面でも不動産投資に魅力が出始めている。

　また、ＳＰＣを活用した不動産を担保にした証券や不動産投資のための会社型投信等、不動産の証券化が急速に進展をはじめつつある。不動産の証券化は、

不動産投資を阻害する要因である①立地・形状等の不動産の個別性、②流動性の低さ、③取引単位の高額さ、④取引情報の少なさ等を軽減させる機能がある。証券化によって、不動産を小口化できると同時に、エクイティ型（所有権・株式持分）やデット型（貸付債権）の商品、優先・劣後構造を持った商品に加工できるため、投資家にとっては多様なリスク・リターン特性を持った商品の提供を受けることになり、分散投資の選択肢拡大への期待が出てきている。

（年金運用の特色）

　年金運用の特色は、一つは長期の運用ということである。年金の運用では長期の総合収益（実現収益＋評価損益の増減額）向上を目指すが、どのような資産に投資するかで収益の約9割が決まるため、政策的な資産構成割合の決定が極めて重要となる。

　第二は、年金運用は年金加入者や受益者から委託された資産の運用であり、注意義務、忠実義務といった受託者責任が課せられていることである。注意義務では「慎重な専門家の注意」(注)が求められるようになってきており、他のプルーデントな運用者が活用するであろう分析手法やサービスを用いて広範な検討を加えて運用する必要がある。

　このため年金の運用では、マーコヴィッツやシャープが展開してきた現代投資理論に基づく分散投資を行い、年金債務を踏まえたリスク許容度の中で最大のリターンが期待できる資産配分を、政策的資産構成あるいは基本ポートフォリオとして定めて運用している。基本ポートフォリオ策定の手順は、投資対象資産を決め、各資産の期待収益率（リターン）とその収益率の変動幅（リスク）、各資産間の相関度から有効フロンティアを算出し、各基金の負債の状況・成熟度等を踏まえたリスク許容度と予定利回りを総合勘案して決定している。

　このようなことから基本となる運用資産としては、リスク・リターン特性が把握でき、一定の流動性と、市場インデックスがあり、常時時価評価できる資産が投資対象となる。現在、我が国の多くの年金で不動産が投資対象資産に入っていないのは、市場の未整備や情報開示不足もあって、これらの要件を満た

さないためである。なお一部の大手基金では、要件をすべて満たさなくても最低限リスク・リターン特性が把握でき、その資産を組み込むことによってポートフォリオ全体の収益性向上が見込まれるなら、オールタナティブな資産として投資していこうという動きも見られる。

　我が国の年金運用は欧米に比べ自家運用比率が極めて低いことが第三の特色である。大手基金でも年金資産の大半は信託、生保、投資顧問に運用委託されている。

　運用委託者は各運用機関のパフォーマンスを評価するため、各資産につきベンチマークを定め、ベンチマーク以上の収益をあげたかどうかで運用機関を評価している。ベンチマークになるインデックスが無い資産は、運用委託する場合なかなか採用するのが難しいわけである。なお、投資顧問会社は不動産の運用アドバイスはできないが、不動産証券化商品で有価証券になるものは運用が可能となる。

　年金の運用は以上のように、運用基本方針・政策的資産構成割合を定め、それに基づき運用あるいは運用委託し、そのパフォーマンスを評価してそれを次の計画につなげるという、Plan, Do, Seeを繰り返しながら運用されている。

　　(註)　我が国には米国のERISA法にあたる受給権保護の統一的な法律はないが、厚生年金基金には厚生省から受託者責任ガイドラインが示され、公的年金の運用管理を行うために来年4月に設立される年金資金運用基金に対しては、年金資金運用基金法第21条で、委任を受けて他人のために資産の管理及び運用を行う者であってその職務に関して一般に認められている専門的な知見に基づき慎重な判断を行うものが同様の状況の下で払う注意に相当する注意（慎重な専門家の注意）を払わなければならないとしている。

(不動産証券化発展への課題)

　米国では、1980年代末のＳ＆Ｌ破綻に伴うＲＴＣの不良債権処理以降、様々な不動産証券化技術と商品の開発が進み、94年以降の景気回復と不動産市況の上昇もあり証券化市場は急速に発展していった。我が国でも不良債権処理という背景のなかで、ＳＰＣ法の制定、投信法の改正等の法的整備が行われ、証券

化への動きが急速に高まっている。これに伴い証券化商品の投資家として年金への期待も増大してきている。

しかし、前述した如く証券化商品はまだ年金の運用対象となりうる状況ではない。証券化商品のうちデット部分は、債券運用の代替として位置づけることは可能であり、格付等一定の要件を満たせば投資しうると思われるが、エクイティ部分はレバレッジが効いた不動産投資であり、まずは投資政策の中で不動産に対しアセットクラスとしての位置づけを明確にする必要があるように思われる。

不動産証券化商品を、株式や債券と同様の運用対象資産として位置づけ本格的に投資していくためには、以下の課題を解決する必要があろう。

① リスク・リターン特性の明確化

リスク、リターン、他資産との相関を合理的に判断するに足る過去のデータが示されること。このため不動産インデックスが必要不可欠であり、土地・建物の評価方法を含め信頼にたるインデックスの整備が必要である。なお、証券化商品のインデックスについては、現状セカンダリーマーケット自体が存在しないため、その整備にはなお一定の時間を要しよう。

② 収益性の確保

我が国の場合賃貸借契約期間が短いこともあり、将来のキャッシュフローの不確実性がやや高いように思われる。不動産取引税や介在業者の多さからコスト高になる可能性もある。キャッシュフローが確実に見込まれ、投資リスク（不動産リスクや流動性リスク）に見合う収益が期待できる商品の開発が重要であろう。

③ 流動性の確保

年金の運用資産としては相当程度の流動性が必要である。多くの年金は外部の運用機関に運用を委託しているため、パフォーマンスによっては運用機関の変更を行う必要があり、流動性の無い資産への投資は難しくなる。ＳＰＣ法の証券化商品は有価証券ではあるが現状流動性はほとんどない。証券化の発展には流通市場の創設が不可欠であり、まずデット型の商品について

マーケットメイクを始めることが望まれる。また不動産投信については上場市場開設が計画されており、その早期実現を期待したい。こうした流通市場の整備により、年金にとって必要な時価評価額の把握も可能となっていこう。
④　リスクの所在を明確に

　証券化はキャッシュフローをいろいろ加工しうるため、商品の仕組みとリスクの所在を明らかにすることが重要である。オリジネーターのコーポレートリスクからの遮断、信用補完のスキーム、リバレッジの効き方等各種のリスクにつき十分な資料で説明する努力が望まれる。

　不動産は本来、株式や債券とは異なるリスク・リターン特性を持っているものと思われ、その証券化は年金にとって分散投資によるポートフォリオ改善のチャンスを与えてくれる。課題が解決され市場規模が大きくなれば、国民の理解も進み、マーケット・インパクトに配慮している公的年金の投資も期待できるようになろう。税制・法制面の改善や格付取得によるリスクの事前チェックも市場拡大に有効である。不動産証券化には、不動産への投資、対象物件の管理・運営等不動産業界の専門的知識と、証券化のアレンジ、その引受・販売・流通等で金融業界の専門知識が必要となる。両業界の適切な機能分担と協力により、上記の課題が解決されることを期待したい。

　なお最後になるが、以上は筆者の個人的見解であることを申し添えたい。

第Ⅰ部　不動産の証券化をめぐる論考集

不動産事業者からみた不動産の証券化

浅井　裕史

（バブル崩壊と不動産の証券化）

　平成バブルの崩壊による不動産価格の下落は、単なる景気循環の域をこえ、企業経営のあり方を根本的に変革する要因となった。極めて図式化していえば、従来、企業は不動産を保有することで含み益を増加させ、その含み益を担保に次の事業を展開していく構造であった。企業価値というものが、事業価値に加えて多かれ少なかれ不動産の含み益によって構成されていたことは否めない。したがって、一旦不動産価格の下落が始まれば、その結果は火を見るより明らかである。さらに、今回はバブルにより膨れるだけ膨れあがっていただけに、その影響は深刻である。このバブル崩壊による影響の大きさをいち早く感じとった企業は、早い時点から持つべき不動産と切り離すべき不動産の峻別に入り、その売却をはかってきたが、しばらく耐えていれば不動産市況は回復すると見ていた企業においては、いまもってなお不動産の保有が企業体質の改善を大きく妨げている。

　一方で、今回のバブル崩壊を通じて人々の不動産に対する見方は根本的に変わった。戦後の混乱期を過ぎてからは、昭和49年の第1次オイルショック時を除けば地価は一貫して上昇を続け、「土地は最も有利な資産」という考えに誰もが疑いを持つことはなかった。現在では、長期的な考え方は別として、地価も変動するものであるということは当たり前になっている。したがって、いま、企業に求められているのは、バブル処理における不動産の企業からの分離と、さらにはより本質的なところでの不動産の含み益に依存しない経営体質への転換である。つまり、不動産の所有と経営ないしは利用の分離である。不動産の

証券化は、このような背景のもとで、企業の不動産流動化ニーズに応えるべくここ数年の間に急速に広まってきており、また期待されている。

（不動産と金融の融合が意味するところ）
　不動産の証券化について語られるとき、それは不動産と金融の融合であるといわれるが、きちんとした理解がなされてないようである。従来、不動産への投融資は、主に土地の担保価値によって行われてきたが、その評価にあたっては「地価は必ず上がる」という暗黙の了解があった。いわゆる土地神話である。それでも、バブル期の異常な時期を除けば、一応は当該不動産が生むであろう将来のキャッシュフローを評価する考えはあったが、最後は、どこかに土地神話が見え隠れしていたはずである。しかしながら、現在では、単純な地価上昇期待だけで投融資をしようという人は誰もいない。その土地ないしは不動産が将来的にどのようなキャッシュフローを生むかについての徹底的な分析、評価がなされたうえで、はじめて投融資が実行される。とくに、不動産の証券化においては、投資家は当該不動産のキャッシュフローだけをよりどころにして投資するわけであり、不動産を対象とした社債の発行においては、格付け機関の綿密な将来収益予測評価がなされる。たとえ都心の一等地であろうとも従来のように安易な収益見込みでは、資金調達が困難な時代になってきたのである。このように不動産と金融の融合とは、不動産と資金を経済合理性のもとで結びつける不動産と金融とのあたらな関係にほかならないのであるが、重要なのはそこに不動産投資市場が形成されることにある。不動産投資市場においては、実物不動産のみならず、証券化された不動産も重要な対象である。
　不動産そのものが絶対的な価値を持つ時代は終わった。これからは、不動産からどのような収益があげられるかが不動産の価値である。不動産投資市場においては、投資家は、ある一定のリスク負担を前提に、常により高いキャッシュフローを生み出す不動産を捜し求める。また、並行してそれに応え得るあらたな商品が開発されてくる。これらが相乗的に作用し、不動産の有効利用や最適配置を促進し、都市の再生ひいては日本経済全体にとってもプラスに働くこ

とになろう。

　例えば、米国のＲＥＩＴのなかには、マンハッタンのなかで利便性において優れた立地にあるものの、建築後25年以上が経過し、管理も十分でなく収益力の落ちているビルのみを取得しているところがある。彼らは、これを全面的に改修して、管理レベルを上げ、優良なテナントに入れ替えることにより見違えるような収益性の高いビルに仕立てなおしてしまう。同じ不動産でも、やり方一つで価値が上がったり下がったりする。そして、このＲＥＩＴへの投資家は、このようなノウハウに価値を認め投資をするのである。一例には過ぎないが、ＲＥＩＴと投資家が一体となってマンハッタンの活性化に一役かっているといえる。

　都市開発が公共セクターと間接金融主体の民間企業を中心に行われているうちは、開発への資金流入に甘さが生じやすく、需給バランスを無視した過剰投資が発生することもおこりがちである。不動産投資市場が適切に運営されるならば、市場という自律的なメカニズムを通じてより合理的な不動産投資がなされ、結果、不動産の有効利用を促すことさえ期待できる。繰り返しになるが、不動産と金融の融合とは、最終的には経済合理性のなかで運営される不動産投資市場を作りだすことでその目的が達成されると理解すべきであろう。

（不動産の証券化による不動産業の変化）

　不動産業といっても、その業態は様々である。アパート仲介だけを行う駅前不動産会社もあれば、マンション分譲専門会社、多くのビルを保有し賃貸事業を行う会社もある。マンションやビルの管理を専門で行う会社も広い意味では不動産業に入る。また、これらをすべて行っているいわゆる総合不動産業といわれるものもある。しかしながら、事業内容をその性格によって大きく分類すれば、不動産を自ら所有して収益をあげる事業と、不動産の運営サービスを提供する事業に分けられる。前者はインベスターとしての不動産業ともいえるが、ビルなどの賃貸業のほかにマンションなどの分譲事業もこのカテゴリーに入るだろう。後者はサービスプロバイダーとしての不動産業であるが、不動産の売

買仲介、テナントリーシング、ビル管理などのプロパティマネジメント、ディベロップマネージメント、コンサルティングなど多岐にわたっている。今回のバブル崩壊で、不動産会社もそれなりの痛手をこうむったが、とくに、バブル期に取得した不動産から生じた含み損の発生は、不動産を所有することのリスクを改めて認識するところとなった。

　サービスプロバイダーに特化した不動産会社は別として、大手をはじめとする日本の不動産会社は、不動産金融・投資市場の未発達から、事業の拡大をはかるためには自らが不動産を所有することが必要であった。その結果、不動産会社は事業の拡大と引き換えに、有利子負債の増加と資金効率の悪化を甘受することになり、金利変動リスクにさらされる構造が生じていた。不動産会社は常にこのジレンマに悩まされてきたのであるが、それでも、自らの資金需要を押さえ、効率的な経営をはかるべく様々な工夫がなされてきた。土地所有者との等価交換方式による分譲事業、サブリース方式による賃貸事業、共同事業者を募っての開発事業、都市再開発事業組合への参加等があげられるが、多様な投資家層と不動産事業を結びつける制度や市場の整備がなされるには至っていなかった。

　不動産証券化の本質の一つは、不動産の所有と経営を分離することにある。その意味で、不動産の証券化は、不動産会社が従来抱えてきたジレンマを解決する手段として大きな期待が寄せられるのである。不動産の証券化を通じて所有は投資家、経営は不動産会社という図式を描くことができ、不動産会社はより自由で効率的な事業展開をはかることが可能になり、それは、投資家により大きな収益を還元する原動力にもなる。不動産投資市場において、投資家から資金を得るためには、当該不動産にいかに高い付加価値をつけられるか、つまりいかに高いキャッシュフローを引き出せるかの能力が問われることになり、不動産業としての専門性がますます要求され、競われることになるだろう。インベスターとして培ってきたものを見る目、サービスプロバイダーとして培ってきた様々なノウハウ、そしてこれらを総合的にマネジメントしていく専門性、これらの能力をどれだけ発揮できるかが不動産証券化時代における不動産業へ

の評価の要となろう。

(不動産投資情報の整備)

　不動産投資市場を創生し、発展させていくためには、不動産投資情報のインフラ整備と発行者による的確な情報開示が最重要課題の一つであることはいうまでもない。市場では、売り手と買い手とが対等の立場で合理的な判断のもとで取引が行われなければならない。そのための必要な情報は公開されていなければ健全な市場の発展は望めない。残念ながら、日本における不動産取引は、土地神話の呪縛のなかで、純粋な意味での経済合理性に基づいた投資概念が不足していたため、不動産投資情報をインフラとして整備する必要性もさほど議論されることがなく、情報は個別相対取引のなかで交換されるだけにすぎなかった。しかしながら、不動産投資市場においては、これらの情報の整備は不可欠であり、市場に参加する以上は情報開示と情報インフラの整備に積極的にかかわっていく姿勢が必要である。

　ただし、プライバシーと過去のデータの扱いには留意する必要がある。不動産を売るということは、資金繰りが苦しくなった時とか消極的な場合も多く、できるだけ取引はオープンにしたくないという事情もある。やみくもに個々の情報の公開をはかるのでなく、プライバシーの保護にも十分配慮し、収集した数々の情報を不動産投資市場において有益な情報となるように加工する技術も開発されるべきであろう。

　また、不動産投資市場が未発達な段階における過去のデータをいたずらに掘り起こしても、それらの取引の動機付け、環境において今との違いがあまりにも大きく、そこから得られる情報には限界がある。むしろ、将来に向けて整備していくことが肝要である。情報は蓄積がものをいう。最初のうちはデータの集積が貧弱であっても、地道に積み重ねることで何年か先には貴重な情報インフラとなる。たとえば、不動産投資インデックスの整備もその一つであるが、データの量的な面だけにとらわれ質的な面がおろそかにされてはならない。英国や米国のように、不動産投資インデックスが発表される前からすでに投資対

象としての不動産取引が活発であった国においてさえ、その整備には少なくとも5年以上の歳月を要している。日本において本格的な不動産投資市場は誕生したばかりである。不動産投資インデックスをはじめ、情報のインフラ整備は中長期的な視点から腰を据えて取り組むことが重要である。

(最後に)

　これまで日本経済の発展を支えてきた企業は、いま、バブル崩壊を契機として不動産所有のあり方を根本的に見なおす必要に迫られている。その結果、不動産の所有と経営、利用の分離が促進されることはまず間違いないであろう。これを円滑に進めるには不動産投資市場が早急に整備されなければならない。不動産投資市場においては、実物不動産も投資対象として取引されるであろうが、不動産の証券化商品もまた重要な投資対象として位置づけられる。不動産の証券化とは、正確には、不動産から生じるキャッシュフローの証券化である。したがって、キャッシュフローが見えないような不動産をいくら証券化しようとしても土台無理である。不動産にいかに高い付加価値を加え、投資家のニーズを満足させられるような商品に仕立てるか。不動産業、金融業それぞれに与えられた課題、そして意義は大きい。両者の相互理解と共同作業の重要性はますます増してくるであろう。一方で、日本において本格的な不動産投資市場といわれるものは事実上「ゼロ」からの出発である。一日も早く市場がその機能を100％発揮するためには、初期の段階において何らかの政策的バックアップが期待される。不動産投資市場の創設と健全な発展のためには、政官民一体となった推進が不可欠であると思うからである。

第Ⅰ部 不動産の証券化をめぐる論考集

実務家から見た証券化への期待

泉部　充

　実務家にとって不動産証券化は新たなビジネスチャンスであり、証券化市場の成長には実務家の能力向上も不可欠である。ＳＰＣ法と投資信託法の改正により、11月にも解禁される日本版ＲＥＩＴ（不動産投資信託）は今後の不動産投資の主流となるであろうし、個人投資家向けの金融商品としての市場規模も数兆円と見られている。しかし証券化市場の拡大にはまだ多くの問題が残されており、実際に証券化の実務に携わり企画立案を行ってきたなかでも多くの不安要因が残っている。

　（投資形態について）

　現在のところ、広く投資家を募るような不動産投資商品はまだ少ない。企業が財務内容改善のために自己の所有する不動産をオフバランスにするために私募発行により証券化を行う事例が多い。このため、発行される証券はデット型（社債等の債券）が多く、エクイティ型（株式や出資）はデット部分の元本保証のために劣後部分として発行され、元々の不動産所有者であった企業がそのエクイティを引き受けるケースがほとんどであった。つまり、不動産の価格変動リスクは依然企業に残されたままであった。

　近時不動産証券化によるオフバランスに関する会計基準が明示され、こうしたオフバランスを目的とした証券化は難しくなっており、今後は開発目的の証券化利用が増えてくるものと期待される。魅力のある投資利回りの実現にはエクイティ型の証券が適しており、投資家の適格性から次のように分類できる。

　デット型……………プロ・機関投資家

エクイティ型………一般投資家

　土地の取得に始まり建物の建設といった開発型の不動産投資には、現状では企業の信用力を背景とした資金調達に限られていたが、不動産融資が抑制されている現状では不動産開発事業のみを担保としたプロジェクトファイナンスは不可能な状況である。

　まさにこの開発型の不動産投資にはエクイティ型の証券化が有効であり、エクイティ型証券の市場整備が期待される。一定比率の金利負担を強いられるデット型よりも、開発プロジェクトの損益状況に応じ配当のできるエクイティ型の方がダイナミックなプロジェクト展開を見込むことができる。米国でもREITが発達したことの背景には、エクイティ型証券の配当に対する税務上の特典が寄与しており、日本でも同様のことが起きうるのではないかと考えられる。

（情報開示について）

　不動産証券化は日本では新しい制度であり、投資家の保護、情報開示の制度が用意されているとは思えない。現状では証券取引法による株式市場や債券市場における投資家保護措置により担保しようとしているが、企業財務と不動産情報とではその性格を異にするため、証券取引法で要求される情報開示だけでは投資判断には不足であると言わざるを得ない。また、デット型証券は弁済能力を計るのに対し、エクイティ型証券はその収益力、成長力を見越さねばならない。

　デット型については既存の格付会社による格付による投資判断を行えるし、投資金額の規模からも自己で投資判断を行えるプロ投資家が中心となることが予想される。一方、エクイティ型の市場参加者には一般投資家も多く予想されるため、より多くの投資情報が提供されなければならない。

　不動産証券化の実務において、投資家の立場から検証を試みるときに重点を置いている点がある。不動産鑑定書に記載されている不動産の状況や賃料情報はもとより、テナント情報が重要なファクターとなっている。現在証券化における不動産価格の算定方法の主流となっているDCFの数値だけではなく、テ

第Ⅰ部　不動産の証券化をめぐる論考集

ナントの信用力、財務内容、契約更新の見込などである。これは何も新しい特別なことを取り入れるというのではなく、不動産の賃貸を行う場合には当然のように扱われている情報である。どんなに賃料水準が高くても、入居率が低い、あるいは賃料の滞納が多いといったことでは、期待していた利回りなど実現不可能となる恐れがある。格付だけではなく、こうしたテナント情報、または不動産管理会社の格付情報の提供は需要のある分野であり、新しいビジネスチャンスにもなるものと考えている。

（法制度について）

　証券化により期待される開発型不動産投資は通常2段階のプロセスになるものと思われる。土地の取得から建物の建設を行い売却する第1段階と、完成した建物を購入し賃貸あるいは転売する第2段階である。現在行われている不動産証券化は第2段階のみであり、基本的には賃料収入を証券化の担保としている。このことからデット型の証券化に馴染みやすい。第1段階では売却益を担保としていることからエクイティ型の証券化が適している。エクイティ型の証券化が整備されていないため、第1段階での証券化利用が阻まれている。

　現状の法制度の中では、第1段階には不動産特定共同事業法のスキームが有効であると思われる。組合契約であることから臨機応変な事業展開が可能であり、商品設計の初期コストが低く抑えることができる。その反面証券化に比して流動性が無いことから一般に広く投資家を募集するのには不向きである。ここで、ＳＰＣ法による証券化において組合出資を投資対象に組み込むことができれば、このデメリットは解消される。ただし、現状のＳＰＣ法では不動産特定共同事業法スキームの組合出資債権を証券化できるか、その解釈または法整備に期待したい。

　また、米国でＲＥＩＴが普及したことの要因に税務上の特典が大きく寄与していることを考えると、ＳＰＣ法における優先出資に対する配当の損金算入の要件緩和が望まれる。

　不動産特定共同事業法においても、事業者の許認可が必要なため、新規参入

が困難になっている。これを登録制にし、行為規制を強化することにより投資家保護を図る方が好ましいのではないかと考える。

（商品化コストについて）
　不動産証券化のコストは調達金額の3～5％程度といわれている。現状では調達金額は20億円程度以上でないと証券化のメリットがない。この要因の1つとして不動産流通税が高いことが挙げられる。証券化による不動産の移転には、不動産取得税、特別土地保有税、登録免許税、印紙税、消費税といった税金が課せられる。ＳＰＣ法では不動産取得税および登録免許税が半減されるほか、特別土地保有税が非課税とされるなどの特典はあるもののいまだコスト高の要因となっている。証券化スキームにおける保有期間が短い場合にはこれらの流通税を免除するなどの税制の特典がないと、不動産証券化の阻害要素となる恐れがある。
　また、信託費用や証券の引受コストの高さもこうした制度の利用を阻害する要因となっている。投資家保護の観点からは信託の利用が欠かせないが、信託コストが高いために想定利回りが低くなるため信託の利用を避ける傾向にある。こうしたコストを引き下げるために、保険機構設立や合同信託による規模の利益を生かしたコスト引き下げといった手当てが必要と思われる。

（プロフェッショナル・サービスについて）
　現状では、不動産証券化の実務を任せられる実務家の数はあまりにも少ない。弁護士だけではなく、司法書士、税理士、不動産鑑定士などである。実際、ＳＰＣ法に基づく特定目的会社の設立登記手続を引き受けてくれる司法書士を探すのには苦労したし、不動産鑑定の手法が近時大きく変わったため、鑑定書の作成に時間を要してしまった。
　大きな不動産会社や金融機関は大手法律事務所や大手会計事務所との付き合いがあるので問題は無いのであろうが、地方の企業やベンチャー企業では、どこに相談していいのかも分からない状況である。しかしながら、今活発に不動

産事業を行っているのはバブルの影響を受けていない新興企業であり、彼らのアイデアや行動力無くしては魅力のある不動産証券化は行われない。

公的機関による相談窓口や協会の創設により事業者の事業意欲を喚起するとともに、実務家の技術向上にも役立つものと期待している。

（ファンドマネージメントについて）

不動産証券化により組成されるファンドが成功するか否かは、物件の選定や売却時期を判断するファンドマネージャーの腕に依るところが大きい。この点について不動産投資顧問免許制度の創設が予想されるが、業者規制によるのではなく、情報開示、行為規制を強化することにより制約を付す方が望ましいのではないかと思う。

また、証券化において優劣の判断には物件情報だけではなく、テナント管理能力や物件の企画力がカギを握っている。現在行われている証券化案件のように、安定したテナントが入居しているビルばかりが証券化の対象となるわけではなく、不動産の管理会社の能力が収支のカギを握っているといっていい。こうした管理会社の情報開示や適格性も問題とされなければならないであろう。

不動産証券化の市場は非常に大きく、多くの産業にチャンスをもたらすものである。参入者の優劣は市場の自然淘汰により決まるものであり、入口での締め出しは市場の縮小化へと繋がりかねない。また、実務家として新しい技術への取り組みを行っていかないと市場から追放されかねない。アウトソーシングの浸透している昨今では実務家が個人としてではなく、一つの機関として機能しなければならないということを自覚していなければならず、法制度もそれを後押しすることにより証券化市場の拡大が達成されるものと期待している。

外国からみた日本の不動産証券化

沖野 登史彦

(グローバル投資の拡大と不動産投資)

ここ数年の海外の投資家にとっての大きな関心は、各国での資本市場の規制緩和により、より高いリターンと投資の多様化を求めて、国境を越えての投資資金の流れが巨額になっていることにある。これは不動産投資においても例外ではない。世界の投資家の間では、ここ数年投資対象としての不動産を見直す動きがある。それは欧米で不動産市場が活況を呈していることも一つの要因だが、もうひとつには、多くの研究がなされている結果、不動産の投資収益と株および債権の投資収益との間の相関関係が低いことが意識されているからである。一般的にみて景気循環の中では遅行性の指標である不動産をうまく使えば、投資ファンドの中味を多様化させて運用パフォーマンスを向上させることに役立つと考えられているのである。

(直接不動産投資の問題点)

とはいえ海外不動産への直接投資というのは、過去の世界の例をみても成功もあれば失敗も多い。そもそも不動産投資そのものが、世界中の機関投資家にとっては、やっかいな投資である。一般的にみて直接不動産投資というのは、その価格変動の大きさと流動性の欠如故に、機関投資家の投資対象としては、批判にさらされ易いポジションにある。とくに運用成績が悪くなってくると、その流動性の欠如と高い取引コストに槍玉が向けられる。また年金基金の場合、将来給付金が十分に支払える資金を確保できるかどうかという点に気が回り、直接不動産投資のような流動性の極めて低い投資案件を大量に抱えていること

に対して不安を抱き始めるのが通常である。そこで一般的に世界中のどの市場であれ、直接不動産投資が可能なのは、大型のファンドを運用する機関投資家が長期保有を目的として不動産を保有するケースに限られる。ところが最近は、不動産市場での事業環境の変化が相当早くかつ激しくなっている。そしてそのような変化に対する敏速な対応と、需要維持のためのきめ細かな管理・運用アプローチが求められるようになっており、ますます専門的なスキルが求められている。そこで機関投資家自らがそのような不動産の運用・管理面でのきめ細かい対応を行うことが次第に困難になりつつあると感じてきている。

（上場不動産証券という選択）

　このような事情を背景として、いくつかの機関投資家は、直接不動産投資の総額を下げる戦略をとっている。これに加えて運用対象を国際化させることによって、多様化の恩恵を更に広げようしているファンドも多くある。ところで投資家が不動産を自らのポートフォリオに入れたいにもかかわらず、不動産への直接投資は困難であると判断した場合に、投資家は間接的な不動産投資を考えるわけだが、この場合に2つの選択があり得る。ひとつは、不動産の共同投資ファンドに投資することであり、もうひとつは、上場不動産証券に投資することである。米国では従来から commingled fund と呼ばれる共同投資ファンドが発達しており、投資家は相当広範に運用管理会社や資産のタイプを選べるようになっている。しかし米国以外の国々では、このような共同投資ファンドの選択肢は相当限られており、またそのようなファンドは応々にして国外の投資家には閉ざされていることが多い。ということは米国を除く世界の多くの国々で、グローバルな投資家にとっての現実的な投資対象は、世界の国々の上場不動産会社の株式であるということになる。不動産に直接投資をするよりもグローバルベースで上場不動産株に投資する方が魅力的であるという議論は、オランダの有力な年金基金で顕著である。ABPというヨーロッパで最大規模の年金基金は、不動産の直接投資から撤退して、世界の上場不動産証券に投資する戦略的判断を行っている。例えばABPは、世界で最大級の国際的な上場不

動産会社であるRodamcoに対して、オランダの持ち株会社の株式も、またアジア太平洋地域、米国、英国の地域子会社の株式も取得している。またABPは米国のREITの大株主にもなっている。PGGMなどの他のオランダの年金基金も、ABPと同様の不動産投資に対する考えを持っているようだ。またオーストラリアでは、年金基金の不動産保有全体（直接投資と上場不動産証券投資の合計）に占める上場不動産証券の保有比率は、90年代初頭の約20％から、現在は75％程度にまで増加している。

（グローバル上場不動産証券ポートフォリオ）

　グローバル上場不動産証券ポートフォリオを組成する上で問題となるのは、世界の不動産会社というのは、皆同じ事業のやり方をしているわけではないという点である。経営スタイルや課税環境、事業内容、それにバリュエーションのやり方まで含めると、世界の不動産会社にはそれぞれ相当大きな違いがある。実際に世界の上場不動産株に対して投資するということになると、投資家はそれぞれの国の実状を踏まえたうえでの、グローバル上場不動産証券ポートフォリオ構築のための投資戦略を立てなければならない。通常の場合多くの投資家は、マクロ指標からみたトップダウンアプローチと個別の銘柄選定というボトムアップアプローチを組み合わせて行う。トップダウンアプローチでは、GDP成長率や金利、為替等のマクロ経済指標をもとに、国別・地域別の資産配分を行う。また上場不動産証券に投資する場合には、国レベル、地域レベルでの不動産市場の需給環境の分析や将来の賃料や資産価格の予測を行わなければならない。一方、ボトムアップアプローチで銘柄選定を行うためには、個別の上場不動産企業の調査を行なわねばならない。これは過去の収益パフォーマンス、マネジメント、資産の質、財務力、配当性向の分析などが含まれる。さらに現経営陣と面談したり、会社がアナウンスする情報を分析したりしながらNAV＝純資産価値、収益、配当の成長性を予測し、現在の株価がそのような成長性を適切に織り込んでいるかどうかを判断することになる。また株式の流動性やアナリストによるカバレッジ等もチェックされる。さらにグローバル規

模の投資家にとっては、その国の不動産株と全体の株式市場の相関関係も重要な分析要素である。香港のように不動産株がHang Seng指数の15％も占めるような市場では、そのような相関関係は特に重要になる。こうして国や地域別のウェイティングが決まり、またどのようなタイプの不動産とどの程度の利回りを期待するかについての考えがまとまれば、個別の銘柄を選定してポートフォリオを構築する作業に移る。出来上がったポートフォリオは、選んだベンチマークの指標と照らし合わせて常時パフォーマンスがチェックされる。

　次にポートフォリオを管理していくうえでは、日々の株価のチェックもさることながら、トップダウンのマクロ環境や不動産市場の変化や投資した個別企業に関するニュースを継続的に追い続けていかねばならず、定期的に投資先の会社の幹部や証券アナリストとコンタクトを持ち続ける必要がある。このように細かな準備作業とポートフォリオ構築後のきめ細かなメンテナンスが行えることが、グローバルベースの投資家が投資を行なう条件となる。逆に言えば、これらの条件さえクリアーすれば、ポートフォリオを管理する立場の投資家からみて、上場不動産証券というのは、その流動性の高さゆえに極めて魅力的な投資対象である。すなわち、状況の変化に対して、迅速かつ低コストでポートフォリオの内容を修正することができる。したがって、株式市場の習性をよく理解しているポートフォリオ・マネジャーが、株式市場よりはボラティリティの低い不動産市場の変化に対しての注意さえ怠らなければ、それぞれの不動産市場の変化の方向性を予見し、それに基づいて国や地域や不動産のタイプに応じての投資判断の変更や調整を効率的かつ迅速に行うことにより、グローバル上場不動産証券ポートフォリオで高い運用パフォーマンスを収めることが可能となるのである。

（REIT 型の上場不動産証券）

　ところで上場不動産証券という投資ヴィークルには、直接不動産投資と比べてメリットもデメリットも両方ある。メリットとしてあげられるのは、日々値付けがされること、より高い流動性、運営コストの節約、より低い取引コスト

などである。一方直接不動産投資に比べたデメリットとしてもっとも大きいのは、直接不動産投資と比べて二重課税が生じるという点である。そしてこの上場不動産証券の持つ二重課税のデメリットを回避した代表的な上場不動産証券が、米国のREITでありオーストラリアのLPTである。2つの国が課税上の恩典を受けた上場不動産証券の先進国であることは疑いない。もちろん厳密にいえば、二重課税を回避した上場不動産証券は、ヨーロッパの国々にも存在する。オランダにもあるし、ベルギーにはSICAFIと呼ばれる証券が存在し、イタリアでも低税率が適用された証券で完全に課税を回避しているわけではないが、課税上の恩恵を受けた上場不動産が存在する。ただし、米国のREITやオーストラリアのLPTに比べればこれらの証券の市場規模は小さい。そこで90年代半ばの米国のREITの成功に触発されて、世界の各国では、REITと同様の投資ヴィークルを創設しようとする動きがあり、各国の政府に対してロビー活動が行われている。しかしここで問題となるのは、年金制度や金融制度の大きな改革という枠組なしで、ただ単純に不動産業界に対してだけ課税の恩典を与えるというやり方は、説得力に乏しいという点である。既に通常の課税に服する上場不動産会社が存在するような国においてはなおさらそうである。逆にいえば、こういう背景があるからこそ、REITに対しては、課税上の恩恵を与える代わりに、開発行為をしてはいけないとか、不動産の短期売買を禁ずるとか、あるいは不動産以外の投資を禁じたり債務の上限枠をはめたりして、不動産投資をするうえでの自由な経営活動を制約することになりがちである。しかしこのような制約はあるにせよ、年金改革というのは、いずれの先進国においても避けて通るわけにはいかない課題である。どの国においても年金基金の量が積み上がって来ることは間違いない。そして今後新たに設定されるファンドの資金の殆どは、国債を中心とする債券と一般の株式に投資されることになろう。ところが投資の多様化のニーズを考えた場合、適度な不動産への投資が必要であるという考え方が高まってくることも間違いない。その場合には、投資対象の流動性や取引コスト等の条件を重視する年金資金の性格から考えて、直接の不動産投資というよりも、上場不動産証券への投資を通じて間接

不動産投資に目が向けられることは間違いないだろう。その場合、いずれの国においても、二重課税を回避するREIT型のヴィークルが有力な投資対象として検討される可能性が高いのである。

(グローバルな視点からのJREITへの期待)

　日本は疑いもなく世界第二位の経済大国である。グローバル上場不動産証券ポートフォリオを組みたいと考えている投資家にとって、日本はポートフォリオから外すことはできない国である。ただし外国人にとって問題なのは、日本の不動産市場が欧米の不動産市場と比べて違いが相当大きい点にある。それは米国よりもさらに短い2年のオフィス賃貸借契約(6ヵ月前に解約予告をすれば、契約期限前でも契約違反とならずにテナントは退出できることを指して6ヵ月契約と考えている外国人は多い)や不動産に関する複雑な税体系といった問題もあるが、何よりもバブル崩壊後9年を経てなお下がり続ける不動産価格に対して根本的な不信を抱いているという背景がある。さらに長期的な不動産価格(土地価格ではない)や収益率の推移、あるいはオフィス、商業、賃貸住居、倉庫等の分野別の賃料や空室率等のデータが著しく不足していると感じている外国人は多い。また日本で既に上場されている不動産会社の株式に投資しようとしても、情報開示、コーポレート・ガバナンス、株主還元、財務体質等の点で、欧米の優良な上場不動産証券と比べて見劣りするというのが一般的な印象だと考えられる。そのなかで、2000年5月に成立した改正投信法により、いわゆるJREITが創設される動きがあることは、グローバルベースで活動する投資家にとっては歓迎すべき事柄である。ただし、単純に新しい投資ヴィークルが出来ただけでは、グローバルベースの投資家を魅きつけることはできない。これまでに述べたように、グローバル上場不動産証券ポートフォリオを組成するためには、いくつかの欠くべからざる要件がある。それは高い流動性を確保するための一定以上の時価総額と高い浮動株比率、透明性の高い情報開示、投資家の利益を最優先する優れたコーポレート・ガバナンス、投資の安定性と優良な財務体質、不動産インデックス等の不動産市場の基礎データの充実など

である。もしJREITがこれらの要件を満たすものであれば、グルーバルベースの投資家にとっては、自らのポートフォリオに有力な投資対象が一つ付け加わったことになる。その場合には、たとえ日本の不動産市況に短・中期的な上げ下げが見込まれるとしても、グローバルベースの投資家は、JREITを長期投資の対象として、必ずや自らのグローバル上場不動産証券ポートフォリオに組みこむことは間違いない。

第Ⅰ部　不動産の証券化をめぐる論考集

不動産証券化における税制問題

新門　義昭

はじめに

　国土庁事務次官の諮問に応えるための「不動産の証券化に関する研究会」が催され、その幅広いテーマについてまとめた「報告書」の中で、「個々の項目について、すべてのメンバーの意見が一致したわけでない。」と説明しているが、不動産証券化に関する税制の議論はそのひとつといえる。限られた時間のなかで、証券化への税制のかかわり方の検討には、経済全般への影響や証券化に影響を及ぼす横断的な租税体系の評価が必要であり、本研究会での断定的な結論をみちびくことは困難であった。今後、研究会報告書にある検討課題について、租税原則の立場から、中長期的土地政策と租税政策の調和をテーマとした議論が必要であると考えている。したがって、本文は報告書を離れた筆者の私見を、検討課題の提言となった議論を踏まえて紹介するもので、読者の本課題の理解に役立てることを願っている。

　なお、本文の展開は以下の構成によっている。

1．証券化の促進税制における主要課題を理解してもらうため「報告書」について簡約している。
2．報告書「第7章　税制について」で、検討課題として提言されている内容を説明している。
3．「1．」の論理に則して、「2．」の検討課題について「不動産の証券化に果たす不動産関連税制のあり方とその効果」の意見を開陳している。
4．以上を総括して、不動産の証券化の関連税制がマクロ経済および不動

産の流動化に与える効果にふれている。

1．不動産の証券化に関する報告書の要旨―目的と効果
【証券化の目的は不動産の流動化と金融システムの再構築】日本経済はバブル崩壊によって、不動産の有効利用問題と金融機関の不良債権処理、すなわち、担保不動産の流動化という社会経済的課題を残した。

一方、経済のグローバル化への対応は我が国金融市場の国際金融市場への復権であって、平成8年11月のビッグバンへの取組、すなわち、金融システムの再構築が図られている。

この二つの課題の解決は、我が国経済再生のキーワードであり、取り組むべき共通のテーマが不動産の流動化である。近年、不動産の証券化が各方面で議論され、SPC（特定目的会社）法の成立、投信法の改正等関連法の整備も進められているが、その議論の中心はいかなる商品をつくるかにある。不動産の証券化研究会においては、事務次官諮問文にもあるように不動産の証券化の議論が証券化商品問題にとどまらず、上述した課題の解決策の手段としての有効性を問う不動産および金融の両サイドにわたる包括的なものとなっている。

【不動産の証券化のもたらす経済効果は四つ】不動産の証券化、あるいは不動産関連の資金循環がオープンな資本市場を通して活発になれば、次のような効果が期待できると考えられる。
① 不動産の有効利用等土地政策に貢献
② 投資家により多くの投資選択肢を提供
③ マクロ経済の安定化に寄与
④ 直接金融システムの効率化の促進

議論は、テーマごとに実証的な手法のみならず規範的手法にも留意して進められ、効果の内容について、以下のとおり意見の集約となった。
① マクロ的効果
  (ｱ) 不動産の証券化は不動産投資の資金源を、限られた事業関係者の貯蓄か

ら公開資本市場へシフトさせることになる。不動産事業は基本的には極めて資本集約的産業であり、事業の効率化が市場の選択を通して評価されれば、資源配分の合理性、資源利用の生産性向上をもたらすメリットは大きい。

(イ) 不動産取引の活性化を図るに当たり、問題点である取引内容および価格の不透明性が公開市場の不在に起因することを考えれば、証券化は不動産公開市場の形成、市場参加者の拡大に寄与する。一般投資家は不動産証券化市場のみならず、不動産市場自体へのアクセスも容易となり、不動産関連事業の活性化をもたらす。

(ウ) 不動産証券化商品は既存の金融資産に比較し異なった特性を有するオータナティブ投資商品であり、今後の国民金融資産形成の効率を高める。

(エ) 現在期待されているPFI事業において、不動産の証券化は資金の循環を家計部門から公共部門へ促す手段を提供し、財政と金融の統合的運用の途を開く。

(オ) 伝統的な資金源として銀行あるいは生保ローンはバブルの後遺症により不良債権化し、不効率な不動産利用をもたらしたが、証券化は新しい資金源を開拓し、不動産の流動化に寄与している。

(カ) 証券化は金融システム、金融工学の高度化を促し、金融機関機能の変革、資金供給源の多様化、資金コストの低減をもたらす。

② ミクロ的効果

(ア) 家計の貯蓄動向を分析すれば、所得水準が高まるほど株式等リスクアセットの保有程度が大きくなり、証券投資へ金融資産は向うことになる。不動産の証券化は証券投資ニーズに応える選択肢を提供する。

(イ) 不動産や不動産関連債権のオフバランス化は資金調達コストを減少させるとともに、ROA、ROEの向上や銀行の場合BIS規制に適合することで財務内容の改善、新規事業へ進出の可能性を大きくする。

(ウ) 機関投資家にとっては、不動産証券化商品をアセットアロケーションに加えることによって運用利回りの安定化を図ることができる。

当然のことながら、このような効果をもたらすためには、金融機関および不動産、証券市場関係者ならびに行政当局の証券化への取り組む意欲と基盤整備への適切な政策の実行が条件となる。

2．不動産証券化の税制の検討

【税制のあり方が不動産の証券化に及ぼす影響は大きい】税制については「米国における不動産の証券化進展の一つの要因が税制改正であったこと、最近における我が国の不動産の証券化進展の背景に特別の工夫をこらした化『ＳＰＣ法』の創設が深く関わっていることにも見られるように、税制と不動産の証券化については密接な関係にある。」と「報告書」は指摘している。このように税制の不動産の証券化に与える効果は極めて大きいと考える。と言うのも、市場経済の不動産への資源配分機能や、不動産の証券化商品を含む各種金融商品への投資ポートフォリオの決定に際し、税制は促進したり抑制したりする機能を有するからである。不動産証券化の税制の影響とそのあり方については、不動産の保有、取得および譲渡の各経済活動にて不動産関連税が幅広く課税されているため、証券化商品自体にかかわる税制のみならず、不動産実物取引に及ぼす各段階での課税効果の検討が重要である。本研究会では、この問題について、不動産の証券化の促進の観点から税制を議論している。

【不動産税制の検討課題の内容】

① 不動産関連税制は土地利用の公共性という理念を維持しつつも、税の有するマクロ経済機能を活用して時代のニーズに応える手段として重視されてきたために、政策税制の色彩が濃厚といえる。バブル崩壊後、社会の不動産に対する評価は保有価値から使用価値の重視へ変化しており、土地政策も社会のニーズに対応した見直しがなされている。当然のことながら、税制も不動産取引の活性化および不動産の有効利用の観点から検討が必要とされよう。

② 証券化の有力なる法整備のひとつである「ＳＰＣ法」では、不動産の証券化取引については不動産の市場取引に比較し流通税に優遇措置を適用しているが、その整合性をどこまで求めるかの検討が必要である。すなわち、不動

産の流動化政策における租税負担の公平性であり、マクロ経済的にみた証券化促進政策としての有効性の問題である。
③ 不動産の証券化商品として他商品との市場競争にさらされた際、証券化にかかる不動産の流通税負担が価格競争力なり、市場の厚みを増し流動性を維持しうるかといった問題がある。

3．税制の証券化促進に及ぼす効果

【不動産の流動化と証券化の意味】一般に流動化とは、不動産が売買されること、あるいはそれが活発なことを意味するが、本文では、「流動化」とは不動産の有する利用価値を担保に資金調達をすることであり、「証券化」とは「流動化」の一形態であって、それが有価証券の発行・流通市場を通じて行われることを意味している。不動産の流動化政策の目的からすれば証券化は目的達成手段といえる。

【証券化における課税の現状】不動産の証券化は、いわゆる「資産担保金融」により資本市場から直接資金調達を行うものである。しかし、投資家にとって証券の発行体とは、あくまで特定された不動産の運用から生ずるキャッシュフローの管理および分配を担当する器であって、言わばペーパーカンパニーに過ぎない。したがって、投資家の関心は、資産の保全および独立性、資産運用利回り、投資家保護、発行体の設立・維持コストと並んで二重課税の回避の導管性にある。「ＳＰＣ法」では、ＳＰＣ利益の90％超の配当をすれば、配当金が損金算入できることから、事実上法人税非課税や流通税軽課等税法上の導管性ニーズに関してはかなり応えたものといってよい。また従来の不動産やリース債権の小口化商品、流動化商品と比較すれば税法上の透明性も高まり、不動産の証券化への取組みおよび取引促進に寄与しうるものと期待できる。

現状では証券化にかかわる税法上の措置への要望は商品そのものの導管性に関する問題ではなく、オリジネーターの資産供給サイドにある。すなわち、証券化を仕組む低簿価物件の供給の際に発生する譲渡益課税の繰延である。譲渡所得税の繰延は、まさに不動産の証券化促進の政策税制であって不動産の流動

化の目的に適うと考えられる。しかし、租税政策との調整なり租税の原則を完全に回避することはできないので、証券化促進効果が期待できるかは、慎重な政策評価が必要とされる。一歩譲って、例えばＳＰＣへの供給不動産の買換圧縮記帳など間接的な益税の繰延べを検討するにしても、これは時価会計への移行に逆行するものであり、オリジネーターの個別事情への配慮と考えると政策税制の適用は納得性に欠ける。さらにマクロ経済的観点から、不動産の流動化に資するかどうかも意見の分かれるところである。

【流通課税のあり方】

① 不動産の流通税は取引のつど賦課されるコストであるから、不動産取引の活性化や証券化を仕組む不動産の移転には軽課が望ましい。さらに資本の自由化により不動産取引市場や証券市場がグローバル化している現状を考慮すると取引移転税負担は国際水準に収まることが肝要である。我が国の場合、表―1が示すように流通税の不動産関連税や税収総額に占める比率が相対的に高く、これでは不動産関連取引の流動化の政策意図にそぐわない。

表－1　国別不動産流通税比率　（平成7年度，％）

	流通税／不動産関連税 (A)	不動産関連税／国・地方税総額 (B)	(A) × (B)
日本	16.6	11.4	1.9
米国	0.9	11.1	0.1
英国	0.8	10.5	0.1
独国	18.5	2.7	0.5
仏国	8.1	9.9	0.8

(出所：国土庁資料より作成)

(注)1　流通税：登録免許税、不動産取得税、印紙税、特別土地保有税、（取得分）
　　　不動産関連税：相続贈与税、保有税、取引移転税

(注)2　独国は居住用不動産について特例が無いため我国より高い比率となっているが、事業用不動産については我国に比較し負担が軽い。

(注)3　諸外国においては建物にかかる付加価値税について非課税措置や流通税との調整措置があるが、我国は無い。

② 我が国では、一定年数を経た中古住宅や商業不動産については特例の適用がないため流通税が相対重課となっている。証券化は不動産の取引市場の評価をベースにするものであり、新築物件と中古物件の差異は市場機能を歪め、不動産の有効利用を妨げることになって流動化の政策目的を阻害する。
③ ＳＰＣ法は証券化を仕組むに際し、ＳＰＣへの不動産移転にかかる流通税を不動産取引の現行税率を半減させる優遇措置を講じている。不動産の証券化の促進要因であるといえよう。しかしながら、不動産の証券化への取組は証券の仕組自体にその目的があるのでなく、不動産の流動化を公開資本市場で行う手段である。したがって、魅力ある商品に仕組む必要があることから、不動産の流動化促進の政策目的からすれば不動産取引が実物であっても、証券化するための取引であっても税措置に差異があってはならない。証券化へのプロセスは個別案件にとっては千差万別であり、案件によっては不動産の最適利用（個別利用から一体利用や用途転換の可能性の追求）を願って取引の反復も充分予想しうる。つまり証券化の実行はキャッシュフローが確立したパーマネントフェースの段階であり、前段階としてコンストラクションフェーズを必要とするケースもある。その際の流通税重課は結果として証券化のコストアップおよび取引抑制を招くことから、税率は不動産売買取引手続の受益性を限度とすべきである。
④ 税の見地からみた不動産の保有税と流通税を検討し流通税軽課の是非について述べてみたい。
　(ア) いわゆる不動産保有税の課税根拠は「保有する不動産の価値および保有に伴い受ける利益に着目して一定の負担を求める。」といわれている。不動産の保有にいたった経済行為は貯蓄、贈与、相続である。これらの経済行為には税が捕捉されているが、保有税は保有にかかわる税負担能力に応じた課税の公平性原則および正の外部性に起因する潜在的所得形成への課税の繰延べに対する賦課と考えられる。
　(イ) 一方、流通税の課税根拠は「土地の取得という行為の背後にある経済力に着目して一定の負担を求める。」である。したがって、不動産の取引移

転にかかる流通税は、資産の売買を可能にする担税力に課税客体を求めているように思われる。税負担の公平性や税捕捉の容易性に適っているが、保有資産ポートフォリオ入替えに対する課税でその性格は資産保有税に近く、不動産取引には抑制的に働くことになる。

【不動産の証券化促進のための税制の機能】不動産の証券化にとって、不動産の保有および移転にかかる税は、仕組コスト要因を構成するため、できるたけ軽課であることが望ましい。不動産の譲渡益税の軽課は不動産市場への投資資金の流出入を活発にし、不動産の流動化は期待できるが、軽減措置は証券化促進税制としての効果が直接的でなく、別の次元で論ずべきものと考える。ここでは、不動産の関連諸税の枠内で流通税軽減と税振替の効果を考えてみたい。表—2が示すように、バブル期直前の時点と、バブル崩壊後の時点の固定資産税負担を税収ベースで比較すると若干の上昇がみられるものの、依然低率であることがわかる。また表—3が示すように、土地利用の物的生産性は伸びているものの、価格生産性の低下がみられる。土地の生産性の上昇分は地価に転嫁され担税力が増加していることになる。保有税の相対的重課可能性のゆえんである。

表— 2　固定資産の実効税率

(億円)

	'85年度	'96年度
固 定 資 産 税 額	40,763	88,123
（内土地にかかわるもの）A	17,469	36,430
土 地 価 格 （兆円） B	1,003	1,708
（実効税率（％）A／B）	(0.17)	(0.21)
非住宅宅地価格（兆円）	306	405
（　実　効　税　率　）	(0.36)	(0.46)

(出所：総務庁"日本の統計"建設省"固定資産税実効税率"より作成)

表— 3　土地利用の付加価値生産性

(兆円)

		'85年度	'96年度
G D P	A	324	504

第Ⅰ部　不動産の証券化をめぐる論考集

	土　地　価　格　　　　B	1,003	1,708
	土地価格生産性(％)A／B	32.3	29.5
指	消　費　者　物　価	100	116
	土　　地　　価　　格	100	165
	土　地　物　的　生　産　性	100	134
数	土　地　価　格　生　産　性	100	91

(出所：総務庁"日本の統計"より作成)

4．おわりに―証券化は租税体系の見直しを必要とする。
【税制から見た不動産の証券化のマクロ経済に与える影響】

① 不動産の証券化の税の問題は、仕組み段階における不動産の移転税と担保資産にかかる保有税の取扱いであり、いずれも証券のコストを左右する。一方、証券化された商品は、関連法規により証取法上の有価証券として位置づけされており、証券の導管性に特色を有するものの、税法は取引上他の金融商品との衡平性を図っている。結局のところ、証券化促進の問題は仕組コストに帰着することになる。保有税の課税ベースである固定資産は不動産の実物資産であり、証券化のためだけの優遇措置の適用は租税原則からみて困難であろう。証券化仕組みのコスト削減は流通税に求められる。

② 不動産取引における流通税の実態からすれば保有税の課税ベースとの区別があいまいといえる。不動産取引関連での税収確保の観点からすれば流通税の保有税への振替が考えられよう。土地保有税の資源配分の中立性や保有税軽課が誘因の一つとみられる「有効利用待ち」の空地および非効率的土地利用を抑制する効果が期待しうるからである。

③ 振替による保有税の相対的重課の問題は二つある。ひとつは証券化の仕組コスト削減に結びつかないことであり、もうひとつは我が国のマクロ経済への影響である。

現状においては、いぜん不動産融資の不良債権の処理や不動産の流動化は経済再生の重要な課題であり、不動産の証券化促進政策がその対策の一つとして推進されている。地価の低下の効果を生ずる保有税の追加賦課は政策の自家撞

着となる。そのうえ、地価の低下は保有税の減収のケースが生ずることとなり、実質的には振替えたことにならない。したがって、流通税軽課は他の課税ベースに依存しなければならない。

【証券化関連税制の効果の限度】 不動産の証券化関連税制が、証券化促進のマクロ経済的目的を果たすために、いかなる効果をもたらすかについてふれて結びとしたい。

① 不動産の証券化商品が優遇税制により、取引が拡大すれば公開資本市場を通して、国民貯蓄の有効活用に期待できるが、不動産の流動化の目的を十分に果たしうるか疑問の余地が残る。証券化の優遇税制を享受しうるのは、商業ベースに適う各種要件を備えた一定の不動産に限られるからである。したがって、証券化に適格な不動産の供給量を増やす税制措置が必要となろう。かかる政策には当然土地の有効利用規制計画で担保されていなければならない。

② 証券化に適格な不動産の供給量における供給増加の条件は、譲渡益税も含め不動産関連税の相対的軽課を不動産の実物取引にまで及ぼすことである。不動産の流動化が政策目的となっているのに、不動産の保有の重視か、また利用の重視か明らかでない個別税制の不整合性は税の経済的機能を損なうことになる。租税原則上、税の公平性と中立性のトレードオフの問題はつねに存在するだけに、不動産の証券化および流動化にかかわる政策税制は、マクロ経済的政策目標に対する有効性の見極めと成果でもって、評価せざるを得ない。すなわち、既存の租税収入体系は、不動産流動化促進という国家政策を担保する課税のベースと負担の割振りに対応しているのか、それが課税の公平性や中立性の租税原則にどの程度調和させるべきかの問題である。証券化促進にかかわる税制は、個別優遇措置の対応だけでは必要にして十分条件を満たしているとはいえない。

第Ⅰ部　不動産の証券化をめぐる論考集

証券化を拓くデューデリジェンスと情報公開

久恒　新

1．デューデリジェンスから始まる証券化

　バブル崩壊後、超低金利の長期化、そして間接金融から直接金融へのシフトとともに、我が国でも投資家の投資判断基準が金融機関のブランド依存からキャッシュフローに着目した収益性へと移っている。

　不動産は、我が国で今もっとも信用をなくしている商品である。その不動産を、新しく金融商品として証券化しようとしてもそれが成功するかどうかは、ひとえにこのキャッシュフローいかんにかかっている。

　不動産のキャッシュフローのベースは、毎期のインカムとしてのキャッシュフローと、売却時のキャピタルゲインの2つがある。デューデリジェンスの本質は、キャッシュフローの実態を調査し、またそのキャッシュフローの今後を左右する種々の要因を精査するところにある。

　不動産の証券化にとってデューデリジェンスの位置づけは、投資家のニーズの反映である。デューデリジェンスは、オリジネーターからＳＰＣに譲渡される不動産の譲渡価格の裏づけであり、エクイティー投資家が投資判断する際のもっとも重要なチェック要素である。

　また、証券化商品を購入しようとする投資家にとっても、デューデリジェンスの中核をなすキャッシュフローの分析や鑑定評価の内容は他商品との比較検討材料として最大の関心事だ。

　デューデリジェンスの結果により、証券化できるかどうかが判断される。また投資家サイドがこれを行なう場合、投資するかどうかを判断するために行なうわけであるから、証券化のカギはデューデリジェンスが握っていると言って

もよい。

　デューデリジェンスは、我が国ではアメリカＲＴＣによるＳ＆Ｌの不良債権処理上の重要なカギとして紹介されたため、もっぱら不良債権処理プロセスにおける価格査定のための調査としての意味合いでの認識が定着している。

　しかし、本来デューデリジェンスとは、企業買収、合併の際の企業評価、さらにはベンチャー企業やビジネスプランニングなどの価値評価など、投資判断のための詳細かつ徹底的に行う調査のことをいう。アメリカで"Due Diligence"といえば、まず企業買収関連で称されることが多く、不動産のデューデリジェンスはそのうちの１部である。不動産のデューデリジェンスは、投資してもよいかどうかを判断するためにその不動産が産みだすキャッシュフローおよびそれを左右する種々の要因を精密に把握するために行う詳細な調査のことであるから、簡単に「事前詳細調査」と訳す方が、誤って広まっている「適正評価手続き」の訳にくらべ正確である。

２．デューデリジェンス普及の課題

　デューデリジェンスはこのように、証券化にとって重要なプロセスのパーツであるが、不動産の証券化が始まったばかりの我が国においては、以下のような多くの課題を抱えている。

① デューデリジェンスそのものの理解が進んでいないこと。
② デューデリジェンス業界が発展途上にあること。
③ デューデリジェンスの中心となるキャッシュフロー評価の評価技術が発展途上であること。
④ キャッシュフロー評価を正確にするための情報公開が進んでいないこと。　等

　しかし、不動産証券化のマーケットはすでに発進した。ニーズは課題解決へ向けてのエンジンとなる。今後は遠からずこれらの課題の解決・改良が投資家のマーケットとしてのリクエストとして突きつけられてくるであろう。業界も、我が国の不動産証券化の拡大スピードに後押しされるかたちで育ってくること

であろう。

　ただ、このようにマーケットに任せておいて解決すると思われるのは、せいぜい①や②であって、③や④に関しては政策としてもうひとくふう必要となる。

　なぜなら、③のキャッシュフロー評価技術は、従来の不動産鑑定評価手法にはない評価ツールが普及しなければ育成できないからである。それはDFC法の評価ソフトである。アメリカで不動産を証券化する際の評価手法として「収益還元法」、とくにDCF法が用いられていることは我が国でも認識され始めてきたが、アメリカで収益還元法がこれほど主流になりえている背景には、こういった評価ソフトの普及があることを見逃してはならない。アメリカではARGUSやPROJECTといったソフトが広く使われている。ソフトの使用がどれだけ普及しているかは、不動産鑑定評価書に使用ソフト名を明記するようになっていることからもうかがえる。このような、だれにでも操作でき、正確な評価結果が得られる評価ソフトのニーズは我が国にもたかく、民間のシンクタンクが開発した「appraiser」をはじめ何種類かが市場に出始めている。

　しかし、アメリカと我が国とでこのソフト普及の点でもっとも相違しているのは、我が国でのソフト普及が専門家のみにとどまっているのに対して、アメリカでは金融機関や不動産会社だけでなく、あらゆる一般企業の資産管理や財務部門の担当者にまで普及していることである。証券化の拡大や、デューデリジェンス自体の普及には、キャッシュフロー分析に関しこのようなツールの民間への浸透による我が国全体での不動産価格に対しての共通理解と評価能力の向上が不可欠である。

　④の情報開示は我が国ではもっとも厄介な問題のひとつである。どういった情報を開示すべきであるか、またそれらの今後の公開のあり方については、「6．8．9．」でくわしく述べることとする。

3．証券化におけるデューデリジェンス

　証券化を目的としたデューデリジェンスは、以下のようにかなりの広範囲かつ深度の深い事前調査になる。不動産の証券化には、不動産からスタートする

「資産流動化型」と、投信法の改正で解禁となった日本版リートの「資産運用型」の2つがある。証券化におけるデューデリジェンスは、誰にとっての調査かという観点で意味合いがちがう。「資産流動化型」の証券化におけるデューデリジェンスでは、まず証券化商品への投資家（機関・個人）にとっては、不動産のキャッシュフロー、つまり毎期のインカムゲインと不動産の場売却予想利益が自分たちへの利子・配当および元本償還のベースであるから、キャッシュフローのチェックがデューデリジェンスである。社債発行でなく金融機関から資金調達する場合には、デューデリジェンスは金融機関が行う。

SPCが社債を発行する際に必要なデューデリジェンスとは、格付け会社による「格付け」が必要となるので、格付け会社の要求内容がデューデリジェンス項目である。

「資産運用型」のいわゆるJ-REITタイプでのデューデリジェンスは、先般、東京証券取引所が上場基準を発表し、2000年度中をめどに不動産投資信託市場開設を準備中であるが、その内容に沿う情報開示のための調査がデューデリジェンスとなる。

表は、デューデリジェンスのプロセスを順に並べている。また、日本格付研究所の要求する格付け内容も参考にされたい。このうち、中核をなすキャッシュフロー分析および鑑定評価の中の重要なポイントについて述べることとする。

デューデリジェンス業務の範囲

デューデリジェンス	市場調査	マーケット調査
	収益性調査	テナント契約情報、賃料、経費、インカム及びキャピタルゲイン等
	権利関係調査	所有権、借地権、その他の権利の調査等
	エンジニアリングレポート	土地（地質、地盤、土壌汚染等） 建物（構造、設備、修繕費等）
	キャッシュフロー分析	DCF、IRR、LTV、DSCRほか
	不動産鑑定評価	評価書の作成
	証券化の検討	発行証券の市場性

(株式会社日本格付研究所)
格付に必要な資料

1. **法律関係**
① スキームに関係する契約書：<u>不動産売買契約</u>、<u>不動産管理委託契約</u>、<u>不動産賃貸借契約</u>、SPCに関する契約書類（ケイマン、国内）
② 資産流動化計画（SPC法が適用される場合）
③ 権利関係（土地・建物登記簿謄本）
④ 証券化に関するリーガルオピニオン（適宜）

2. **建物の物理的精査**
① <u>エンジニアリングレポート</u>（建物調査報告）：調査の範囲・方法、現地調査の内容、建築物の診断（構造体・外装・内装・外構）、電機・ガス・給排水・空調等の管理システム、メンテナンス費用、大規模修繕（資本的支出）の必要性および今後の計画
② <u>耐震診断</u>：Is値、推定最大損失（Probable Maximum Loss）、火災、隣接建物の倒壊、地盤液状化のリスク
③ 環境診断：アスベストや廃棄物の有無（物件により不要の場合あり）
④ その他：当初の施工業者・施工費用・施工に要した期間、改修業者・改修費用・改修に要した期間、定期的な修繕の施工業者、現在の建物管理会社（外注委託先）、地震等災害による損害の履歴とそれに伴う補修の履歴等適宜

3. **鑑定評価書**
　原則として複数の鑑定評価書が必要です。鑑定評価が1本だけの場合には、弊社の側で別の鑑定機関に鑑定を依頼し、複数の鑑定評価に基づいた格付けを行います（この場合、鑑定費用を実費として申し受けます）。
― 鑑定機関／鑑定人は、原則としてスキーム当事者以外の第三者
― 最低限必要な項目：評価の前提、不動産の物的確認、立地する地区の土地利用状況・地価動向・賃料水準・空室率、採用した評価方法（原価法・収益還元法（DCF法））とその理由、積算価格の査定根拠〔（土地）公示値・取引事例、時点修正、標準化補正、地域要因による補正（建物）再調達価格、経済的残存耐用年数、現価率、市場性減価〕、収益価格の査定根拠〔単位面積当たり賃料、稼働率、入替率、維持管理費、公租公課、損害保険料、大規模修繕準備費、正味復帰価値、割引率、ターミナル・キャップ・レート〕、試算価格の調整と最終評価額の根拠

4. **不動産の収益見込みに関する資料**
① 事業収支計画：収入（前提とする稼働率）、経常費用（人件費、電機・ガス料、販売費、管理費、不動産管理委託報酬）、減価償却費、支払利息、資本的支出、内部留保
　② 対象物件の収益実績：収入、支出、純収益

③ マーケット情報：立地条件、競合地域・競合物件の状況、テナントの需給動向、物件の売買情報
④ テナントの状況：（オフィス・商業施設の場合）賃借人リスト、賃料水準・賃料改定状況、賃貸借期間・次回更新時期、賃貸借契約の更新・解約・共益費負担等の条件、テナントの事業内容・財務状況・経営方針・使用目的・その会社における位置づけ（移転の可能性）等
⑤ その他：固定資産税・都市計画税（土地・建物）台帳写し

5．プロパティーマネージャー
① 社名
② 過去の実績：管理物件数、マーケティング能力、建物のメンテナンス能力
③ 財務状況

6．損害保険（流動化を実行するに際しては必要となります）
① 保険の種類（火災保険・機械保険・施設所有管理者賠償責任保険・利益保険等）および保険会社
② 付保の対象（種類毎）
③ 保険金額（種類毎）
④ 年額保険料（種類毎）

以上

【デューデリジェンスにおける価値評価の手法】デューデリジェンスは、不動産の単なる売買ではなく、投資という明確な目的を背景にした場合の投資判断のために行なう調査である。よって、その中核をなす不動産のキャッシュフロー分析や鑑定評価は、一般的な鑑定評価で採用されている評価手法（我が国では、取引事例比較法を中心に評価法を調整するプロセス）をとるのではなく、投資というリスクをとろうとする投資家のよりシビアなニーズに応えるべく、投資還元法のＤＣＦ法を採用または重視した評価プロセスとなる。

【キャッシュフロー分析】キャッシュフロー分析はデューデリジェンスの中でも最も重要な調査の一つで、収益性評価がベースとなる。収益性には、表にも明記したが、毎期の収益（インカムゲイン）がどれだけ見込めるかと転換時の収益がどれだけ見込めるか（キャピタルゲイン）の２つの観点が必要である。更地の場合には賃貸収益利用が可能かどうかの調査となる。これを正確な調査とするには、まず基本となる賃料等の収入情報と経費関連情報が不可欠である。

収入項目としては、賃料・共益費のほか、駐車場収入等その他の収入、一時

金、その運用益などである。また、収入可能額ではなく、実際収入を調べなくてはならない。よって、テナントごとの賃貸借契約書を入手しただけでは不充分であり、きちんと支払いがなされているか不払いテナントはないかなど、実際のキャッシュフローを把握する必要がある。

また経費関連情報については、実際に生じている経費だけでなく、保有期間中にかかる再投資額の予測が重要で、エンジニアリングレポートでの建物の老巧化に応じた将来修繕費予想や、リニューアル費用などを考慮に入れることも忘れてはならない。

収益性の評価のもとに、キャッシュフロー分析を行う。不動産投資に際しては、従来は右肩上りが長く続きキャピタルゲインが常に大きく見込めたので、関心はもっぱら価格自体に集中していたが、いまは価格だけではなく、キャッシュフロー分析をベースとした多くの指標が判断材料として求められている。

以下では、それらのうち、主要なものとして、NPV、IRR、LTV、DSCRについて説明しよう。

NPV

NPVは純現在価値のことで、ネット・プレゼント・バリュー（Net Present Value）の略である。投資家が不動産に投資しようとする場合の判断指標のひとつで、次の式で求められる。

$$NPV = \frac{CF_1}{(1+r)} + \frac{CF_2}{(1+r)^2} + \cdots\cdots + \frac{CF_n}{(1+r)^n} - CFO$$

$$CF \ :キャッシュフロー$$
$$r \ \ :期待利回り$$
$$CFO：投資予定金額（初期投資額）$$

つまり、将来の収入額の現在価値の合計から、投資予定額を引いたもので、これがプラスであれば投資は可ということになる。

IRR

IRRは、一般的に内部収益率、投資収益率などと呼ばれ、インターナル・レイト・オブ・リターン（Internal rate of Return）の略である。

IRR（投資収益率）の求め方

IRRの基本的な考え方は、DCF法で求める公式と同じであり、求める未知数が異なるだけである。
IRRをrとした場合に、

$$投下資本 = \sum_{t=1}^{n} \left\{ \frac{CF_t}{(1+r)^t} \right\}$$

となる。
つまり、将来キャッシュフローの現在価値の総合と投下資本とが等しくなる率のことである。いい換えれば、投資資本と見合うだけの収益率のことを言う。

DCF分析とIRR分析

不動産の評価にあたっては、このIRRのように不動産価格を所与として証券の利回りを査定するアプローチと、その逆に証券に期待される利回りを所与として不動産の価値を求めるアプローチの2通りが必要となる。

前者がIRR法で投資分析には不可欠であり、後者がDCF法（ディスカウンテッド・キャッシュフローアナリシス）で不動産の鑑定評価に用いられる。

DCF法もIRR法も、計算機等を使ってふつうに計算しようとしても、繁雑でミスが生じやすいことから、アメリカでは簡易操作で正確な計算が可能なDCF評価ソフトウェアの利用が一般的となっている。我が国にも同様のソフトウェアの普及が望ましいことは、これまでに述べたとおりである。

LTV

LTV（ローン・トゥ・バリュー：Loan to Value）とは融資比率のことで、DSCRと並んで、ローンを証券化する際の重要な指標である。対象不動産の価値のうち、借入金が占める割合をいい、デフォルトに陥った際の損失の大きさを示す指標である。

$$LTV = \frac{借入金}{不動産価格} = \frac{債権発行額}{不動産価値}$$

DSCR

DSCR（デット・サービス・カバレッジ・レイシオ：Debt Service Coverage Ratio）は、年間元利返済額に対する年間純収益の割合をいい、次の式で求められる。

$$DSCR = \frac{年間純収益}{年間の元利返済額} = \frac{年間純収益}{発行債権金利 + 約定返済金}$$

よって、DSCRが、大きいほど、デフォルトが起きる可能性が低いこととなり安全性が増す。

LTVもDSCRも、物件の種類や質、競争力、そして証券化の構成内容によって、当然案件ごとにその水準が異なる。

とくにCMBSは個別性が強いため、このLTVやDSCRのレベルを一律で論じることは無理であるが、参考のためにスタンダート＆プアーズ社が、東京に立地する平均的競争力を有するオフィスビルに適用できる参考例として例示した、LTVとPSCRの水準表を掲載しておく。

格付けレベル	LTV	DSCR
AAA	35 －40％	2.25－2.5X
AA	40 －47.5％	2.0 －2.25X
A	47.5－55％	1.8 －2.0X
BBB	55 －60％	1.6 －1.8X
BB	60 －65％	1.4 －1.6X
B	65 －75％	1.2 －1.4X

資料：スタンダート＆プアーズストラクチャード
ファイナンス・ジャパン　1999より

4．キャップレート鑑定

【キャップレートの重要性】デューデリジェンスに占めるキャッシュフロー分析および不動産鑑定評価の重要度は高い。証券化において不動産鑑定評価する際に収益還元法（特にDCF法）を用いることは、今や我が国でも常識化しつつあるが、その際に最も重要なのが通称キャップレートといわれる還元利回り率（capitalization rate）の決定だ。収益還元法やキャッシュフロー分析の際に、最もセンシティブで最大限の注意を払うべきは、この率をいくら採用するかである。なぜなら、わずか0.5％違うだけで評価額が大きく変わるからである。また、不動産の種類別、規模別に異なっているのが通常で、さらには各々が都

心型、郊外型とで異なり、またそれらが各都市によって異なる。このキャップレートは、価格を大きく左右する重要度の高い評価要素にもかかわらず、このように正確な把握が難しいので、この評価は専門家に鑑定依頼する方が安全だ。

【アメリカにおける還元利回り率の求め方】アメリカで投資用不動産の収益価値を、収益還元手法を用いて評価する際、採用する還元利回りにどうアプローチするか。一言で言えば、できるだけ多くの類似不動産の還元利回り率をデータとして収集し、それから類推するのである。ここでいう類似とは、地域や建物のタイプ、規模等の類似という意味である。また、そのデータとは、まず実際に取引のあった不動産の事例を Register of Deed（日本でいうところの登記所）の登記書類にあたり、売買価格を調べる。

我が国では、不動産をベースとしてその所有者の変更という観点から登記が行われる。しかし、アメリカでは、取引があったという売買証明として登記がなされることから、その中に金額が明記されているものもあれば、されていなくても税務署に不動産取引税額を納める際その税額が必ず明記されているので、税率で割り戻せば正確な不動産取引価格がわかる仕組みとなっている。

そして次に、各事例の不動産の収益（賃料・経費）データを不動産税課税の当局へ行って調べたり、または売主・買主・仲介金融等へ直接ヒアリングを行なって、得られた結果から各事例の還元利回り率を得るわけである。より簡単な方法としては、調査機関が上記のような作業を大規模に収集・分析し発表しているものがあるのでそれを参考にする。

アメリカで還元利回り率の正確な把握がこのように可能なのは、①情報が公開されており入手しやすいこと、②投資用不動産取引が収益価格を基本に取引されている市場であることが、前提となっているからである。

【我が国では入手しにくい還元利回り率】ひるがえって我が国をみると、正確なキャップレートを得るのは容易でない。その背景としては、前述したアメリカとは逆で、情報の非公開性が強く、不動産取引市場に収益価格評価が導入されてこなかったという点があげられる。本来、還元利回り率とは、取引価格と収益性に強い関連があるという前提で得られるものであるが、我が国では右肩

上りの時代が長く続いたことで、取引価格が収益性から大きく乖離し、ダブル市場化といっていいぐらい両者の連動性は失われていたため、還元利回り率にアプローチしようにも、賃料市場と取引市場は連動しておらず還元利回り率水準そのものが未確定の状態が続いた。

　よって、収益データの蓄積が我が国にはほとんどなく、また不動産に「利回り」があるという発想そのものが育ってこなかった。

　【キャップレート鑑定の重要性】我が国では、不動産が金融商品であるという位置づけでの市場の成長はこれからで、まだ十分な収益価格取引事例もなく、不動産市場そのものが右肩上り時代の後遺症を引きずったまま、適正な価格水準を模索している状態にある。

　今後は、投資用不動産はキャッシュフロー分析（収益還元法）をベースとした収益価格水準で取引されるということが広まっていくだろうし、不動産を国債や株式などの投資信託等の投資財とみることも一般化していくだろう。そうすれば、価格と利回りの相関が不動産のタイプ別に確立してくる。

　しかし、そうなるまでには、正確なキャップレートの把握は容易でない。多くのデータ収集とその正確な分析はもちろんのこと、ポートフォリオ理論を不動産投資に適用し、リターン＆リスク分析を行い、投資家にとって最適な収益とリスクの組み合わせを分析するには、資本市場における資産価格の決定を行なうことのできる不動産カウンセラーなどの専門家でなければ難しいだろう。

　【ＲＥＩＴとその不動産評価】アメリカのＲＥＩＴの評価においてもキャップレートは重要な要素である。ＲＥＩＴ自体の評価は、会社としての評価、すなわち、純資産価値（Net Asset Value）をもって評価額としている。その求め方は以下の実例をみてもわかるように、まず純収益を還元利回り率で割戻して保有不動産価値を得るという収益還元の考えからスタートする。

> ① 年間収益を還元利回り率で割り戻して、不動産価値を計算する。
> ↓
> ② この不動産価値に種々の資産を加えた合計から負債分を控除する。
> ↓
> ③ 得られた純資産価値（Net Asset Value）がＲＥＩＴ会社の評価額となる。

　なお、この資料は Cornerstone Realty Income Trust というＲＥＩＴの、株価評価の報告書（2000年5月23日）からとったものである。NAVを求めた後、それから1株あたりの価値を求め、それを現在の株価と比較して21％もの期待利回り（discount）のプレミアムがあると好評価している。

【割引率（Discount Rate）】 割引率は、投資家の期待する利回りを採用することが原則だが、それ自体を求めなければならないことが実際上は多い。割引率は、還元利回り率との関係を重視し、純収益の変動率を予測する。この割引率と還元利回り率との関係であるが、還元利回り率は割引率に純収益の変動率を加えた水準が妥当性が高い。

5．リスクの考え方

　投資行動では、そのリターンの大小の予測だけでなく、投資自体のリスクも行動判断の重大な要素である。

　不動産への投資は、元本が保証されている国債や長期社債等にくらべればリスクは高いが、それでも高リスクのものからたいへん安定的でリスクの小さいものまでとそのリスクには幅がある。しかも、そのリスクはリターンと密接に関連しているのが通常である。

Net Asset Value Calculation	($1,000)
1 Q2000 NO I (1)	$ 21.137
Annualization factor	4
Annualized NO I	84,584
Estimated NO I	9.50%
Operation capitalization rate	889,979
Development properties	—
Total real estate value	889,979
Total dept outstanding	(210,217)
Preferred stock	(264,125)
Cash on hand	4,219
Other assets	26,200
Adjustments (2)	8,800
Net asset value	454,856
Shares and OP units outstanding	35,967
NAV per share	$12.65
Current price	$10.00
Premium on discount to NAV	−21%

(1) NO I adjusted to remove $2.2million of NO I corresponding to assets sold during the quarter.

(2) Reflects the 58.8million acquisition of the Asheville property that closed at the end of quarter.

資料：Mercury Partners ＬＬＣより筆者加工

投資家は、リスクと期待利回りを関連付けて、投資を決定する。通常は予測されるリスクが大きければ大きいほど、投資家はリスクに見合うだけのリターンを期待する。つまり、将来の利益が不確実であればあるほど、投資家の期待利回りは大きくなるのが普通である。欧米では、期待利回りの低下リスクをさけるため、デューデリジェンスの段階でかなりの費用をかけて調査を行う。

リスクの要因は単純ではない。主要なものだけでも、インフレやデフレ、需給動向、金融市場動向などの不動産をとりまく経済環境のリスク、不動産自体に内在しているリスク（例えば不良テナント、物理的な老朽化など）など、考慮すべきことが多くある。こうしたリスクは、デューデリジェンスによって徹底的に明らかにされるべきであり、そのうち除去できるリスクは除去し、保険等でカバーできるものはカバーする手段を講じ、除去できないリスクは適正に利回りの中に反映されるという作業や工夫がなされるべきである。その意味でデューデリジェンスは、リスク＆リターンを把握するための欠かせないプロセスである。

アメリカでは、不動産のキャップレートや期待利回りなど種々の「利回り」情報を、民間の調査機関が有料で分析し販売している。

我が国で、新しい不動産市場を立ち上げようという今、最も投資家から求められているのが、この利回りの情報である。そこで、デューデリジェンス業が早く業界と呼べるくらいに成長し、ビジネスフィーの環境を整え、利回り鑑定の機能を持つのがもっとも健全で着実な方法と思われる。

【想定利回りと現実利回りを区別せよ】ただし、ここで誤解してならないのは、想定利回りと現実利回りは全くの別ものであるということだ。

我が国では、既に述べたように不動産に関して真の利回りが存在してこなかった。なぜなら、ただ単に情報整備がなされていないというだけでなく、賃料市場と不動産の売買市場が連動していないという、利回りの成立しようのない極めて特殊な不動産市場であることによる。そして今も、我が国における不動産の本当の利回り（＝現実利回り）はまだない。現在のような混乱地価の状態では正確なものは得ようはずもなく、地価が底を打ち多くの買いが入るように

なり、市場が立ち上がってはじめてあらわれるものである。一方、アメリカ等で公表、販売されている利回り情報は、多くの市場データに基づく「現実利回り」であり、この点を誤解してはならない。

よって、現在、さまざまな日本の機関が「投資利回り」や「還元利回り」等のデータを公表しはじめているが、それらはすべて「想定利回り」であって、「現実利回り」ではない。それはあくまでも従来型の限られた制約下での「想定利回り」でしかないので、その利用には十分その不確実さと想定によるリスクを覚悟しておかなければならない。

6．ディスクロージャーがいかに大切か

不動産は一般的に個別性が強く、また需給動向だけでなく景気や金融環境にも大きく左右される傾向にあるので、不動産投資では、そのディスクロージャーの程度が投資を引き付けられるかどうかの大きな分かれ目となる。

アメリカで不動産証券化が成功したポイントとして「情報」や「価格」が挙げられる。ニューヨーク連銀前総裁のE・ジュラルド・コリロンが「証券化は、単に当然考えられていた以上にメリットがあった。流動性があれば、『価格発見』というプロセスが大きく促進される。『価格発見』というプロセスの効果が出はじめれば債務者、債権者、投資家、投機家は、より多くの情報に基づいて、判断を下せるようになる。このプロセスが進むにつれて資産の流通市場が発展していった」と、述べている。

証券化が流動性を促進し、それが価格システムを機能させはじめ、またそれが投資家の投資促進につながるというわけだ。不動産情報が投資家に対してオープンになることを端的に表現している。

日本で不動産の投資市場が今まで育って来なかった要因のうちで、この情報インフラの欠如がもっとも大きい。とくに評価額や投資家の健全性を示す評価技術を支えるインフラも、日本では致命的といってもいいほど未整備だ。ブラックボックス化した評価をグローバルスタンダード化し、投資家の信頼を回復するためのインフラが急がれる。

証券化はこの重要なインフラを市場要求として整備していく最適のプロセスと言える。

　この意味で、ＳＰＣ法の中に情報公開が盛り込まれていても、肝心の賃料情報などが「やむを得ない事情」の場合に公開を間逃れることができる点については、早急に是正するのが望ましい。そうでなければ投資家を最初の段階で引き付けにくい。

　我が国には収益用不動産という言葉が今まで存在していなかった。それまでは「不動産」という言葉で、住宅や、時にはビルを指す便利な用語として使われていた。収益用不動産という言葉がなかったのも、すなわち、そういう区分をしてこなかったということだ。一個人にとって、不動産と言えば、まず住宅を意味するように、商業ビルや事業用不動産は縁遠い存在であった。

　取引価格をはじめ不動産に関する情報は、業界に偏っていて、売り手に偏在するところから売り手市場形成に大いに役立ってきた。このことからも不動産と言うと、我が国では閉鎖的で風通しの悪いものであった。

　よって不動産は、我が国ではもっとも情報開示の遅れた商品のひとつであり、売買価格、賃料情報やテナント契約内容などのクローズ性がほとんど常識化しており、海外投資家からは長く批判の対象となっていた。デューデリジェンスという投資判断をする目的で行う調査では、これまでのような情報の欠如した状態では正確な評価は期待できるはずもない。

　もちろん、証券化の実現に際しては、当局への届出、例えば有価証券届出書等において、今述べたようなデューデリジェンス項目はすべて開示すべき内容とされている。

　しかし、問題はその段階以前にある。一般投資家がそれらの開示情報をみて、それを他の一般的な不動産情報と比較できなければ意味がない。

　証券化のベースとなっている不動産について、デューデリジェンスの結果として明らかになったキャッシュフローやリスクの度合いを、一般的な多くの不動産（言い換えれば同種類の不動産市場）の実態と比較できてはじめてその情報が信用できる。また、「非常にキャッシュフローが優れている」、「平凡なキ

ャッシュフローだが、テナントリスクがほとんどなく安定的」等の評価もはじめて可能となる。

　我が国では現在、各オフィスビルや商業ビルといった不動産の収益情報に一般投資家がアクセスする公的手段がどこにもない。企業の決算や会計資料の一部として混ざり合って申告されるだけで、収益価格にアプローチしようとするハードルになっている。不動産を購入しようとする場合ですら、必要な情報がすべて公開されているとは言えず、実際の利回りは契約ぎりぎりまで明かされないほどだ。

　このような「投資低開発国」と呼んでもよいほど「利回り」に疎い我が国の状況から早く脱しなければならない。利回りのスプレッド判断ができることや、それぞれのリスクが公開されることなど、投資判断が可能な社会へと改善が急がれる。

7．アメリカにおける還元利回り率と収益情報

　既に「キャップレート鑑定」の項で少し触れたが、還元利回り率に関するニーズは今後急速に大きくなってくると思われるので、市場整備のあり方の参考として、アメリカでのすすんだ情報環境の状況をここで整理しておく。

　【データの豊富さと収集・適用システムの違い】日本との大きな違いで特筆すべきは、還元利回り率の求め方の違いである。還元利回り率は収益還元法において価格への影響度の極めて大きい要素であり、適正な還元利回り率を採用することは収益還元法では大変に重要なテーマである。日本での収益還元法の未成熟は、この率の決定に困難性と曖昧さがあるためと言える。アメリカの大半の州では、この重要な率が現実データをもとに適正に、かつ資産の種別ごとに多様に求められていることは、すでに述べたが、ここでも再度強調したい。設定の根拠が現実の事例データをもとにしてきちんとしており、かつ、不動産の種別ごとに率を求めるということが可能なのは、データの豊富さや信頼性が優れているだけでなく、その収集システムが日本と比較しはるかによいためと考えられる。以下、その情報環境について述べることとする。

証券化を拓くデューデリジェンスと情報公開

【取引データ】売買などの記録は登記所（Register of Deeds）に登録することになっており、その内容は入手可能である。日本の登記簿のように面積・所有権移転年月日・所有者名を記すだけでなく、取引価格が登記されているか、もしくは不動産取引税額が明記されねばならなくなっているので、逆算して取引価格がわかる。その不動産の価格の履歴といったものもずっと記録されているので、フォローすればそれもわかる。そのため、日本とはくらべものにならないほど大量の価格データが利用でき、その分評価の信頼性にもつながっていると言ってよいだろう。

【収益データ】たいていの主要な建築物に関しては、固定資産税の課税当局に収益と費用の記録がデータとしてコンピューター化されている。また、州の法律によってそれらの情報は所有者から申告されるべきことが義務づけられている。建物所有者は、固定資産評価担当局から送られてくるアンケートフォームに、賃料などの収益データと経費データを書き込んで提出する。

【費用・経費データ】費用に関しては、建物所有者から提供されるとともに、いくつかの機関や企業がいろいろな市場の情報を発表している。これらを建物所有者からの情報に対する代替的情報として使用することもでき、また検証データとすることも可能である。

【建設・再調達コストデータ】費用のデータと同様、多くの機関がこの種の情報を地域ベース（主要都市および都市図版など）で出している。

【還元利回り率】これらの豊富な実際データをもとに、還元利回り率を求めることができる。具体的には、売買された収益用不動産の現実の利回り率を多く収容するのであるが、求めた多くの還元利回り率を分析することで資産の種類別の率を求めることができる。

　我が国の恣意的に決められていると言われる還元利回り率との決定的な違いはここにある。まさにアメリカの収益用不動産への収益還元法の適用は、それを支える豊富なデータや、情報の収集システムにあると言えよう。

8．不動産の収益情報の申告義務化

不動産投資を活性化させていくには、投資をゴーにするかストップにするかの判断を、一部の限られたノウハウを持つ者だけに許しておくような情報の閉鎖性を排除すべきである。とくに我が国において非公開またはごく一部にしか開示されない「利回り」情報を、オープンにするべきである。

不動産業界が公開することに対してあまり積極的でないのには事情があって、テナント間の賃料の違いがわかってしまうといった瑣末な理由や、インサイダー情報を独占したい気持ちなどさまざまな思惑があるからだ。また、不動産業に限らず、不動産という資産を大量に抱えて、その不良化をどうにかしたいともがいている多くの企業もその内実を世間に公表したくない気持ちが強く働いており、彼らの保有不動産の利回り関連情報を自発的に公開するよう彼らに促してみても現実的な話ではない。

よって、アメリカの多くの州のように、不動産オーナーへの申告を法的に義務化することしか道は残っていない。また、それがもっとも公平でかつ一律的であり、また今後整備すべき利回り情報の精度アップのためにも不可欠なことである。現状で言われているような「一部」や「自主的」公開、また「インセンティブ策」では、精度も低く信頼性にも乏しい偏ったデータしか得られない。

9．「リスク」情報、「利回り」情報提供がデューデリだ

さて、データを法的に申告義務化しオープン化したあと、重要になってくるのはそれを活かす環境整備である。すなわち、それを加工、分析し、証券化に活かすというような投資家の判断材料を提供するプロをいかに育成するかということだ。

収益情報が法的に義務化され、アクセスフリーになったとしても、それをだれかが利回り情報へ加工して、投資家へつなげなければ意味がない。そこで、だれがもっとも適任かというと「デューデリジェンス業界」だ。

利回り情報は、不動産の価値にダイレクトに関係し、かつその権利関係や物的条件、また収益を構成する運営内容にもかかわっている。これら全体からきちんと調査・評価しなければ正しい利回りは得られにくい。我が国では急騰そ

して大下落と不動産に大きなリスクがあることを知ったとたん、人々は不動産の真の魅力には目を向けようとせず、極端に警戒するようになった。これはバブルとその崩壊の及ぼしたダメージの中でももっとも深刻なものの一つである。傷ついた信頼を取り戻すには、並たいていの努力では不十分だ。

　ひとたび傷ついた人々の投資意欲を再び引き出すには、プロによる正確な不動産情報の提供が必要となる。現在の不動産需要者は、もはや価格だけを頼りに投資するのではない。彼らが求めるのはあくまでも「利回り」であり「キャッシュフロー」であり、そしてその正確な「リスク」である。今人々が欲しいのは、「正しくはいくらか」という価格評価もさることながら、「いくらのキャッシュフローが入り、何％で回る物件か」ということである。もはや「安い」「買い得」というレベルの情報では彼らは動かない。不確実な将来のキャピタルゲイン予測や不十分な情報開示ではむしろ警戒心を強めるだけだ。

　テナントの質や、不法占有のある可能性など、入居率だけでは見えない実態をきちんと調べなければ危ないということは、一般の人でもよくわかっている。

　投資してよい物件かどうかの調査が完全にすんで、しかも報告書を実際に書面で確認できない限り、失敗で賢くなった投資家は満足しない。すなわち、デューデリジェンスという作業とその結果の全面的開示がなければ、不動産投資には向きにくいということである。

　また、不動産は価格下落といえども投資金額が大きいという特質があるため、買い手をいかに探してくるかがもっとも重要なポイントのひとつである。

　デューデリジェンスは量的にも質的にも専門性が高く、コストも時間もかかる調査である。とはいえ、これなしでは不動産の流動化はおぼつかなく、証券化の普及もないといっても過言ではない。

　デューデリジェンスは、現在のようなひとたび信頼を失った不動産市場に不可欠であり、業界として育っていくことが切望される。よって、その社会的認知とともに、ビジネスとしてフィーの確立などが重要な課題となる。

　デューデリジェンスは日本ではまだその発芽期にあり、業界と呼べるほど形が固まっているわけではない。だからこそ、「利回り」の公示という最大業務

を核にして、きちんとビジネスフィーを得るようなプロフェッショナルな位置づけを目指すべきである。

　今後は、そのビジネスとしての成長性と重要性から、実にさまざまな分野からの参入が生じてくるだろう。

　しかし、その業務は多岐にわたり、また各々の専門性が深いので、現実のデューデリジェンス遂行にあたっては、当面は、まず各分野のプロたちのネットワークが必要となる。

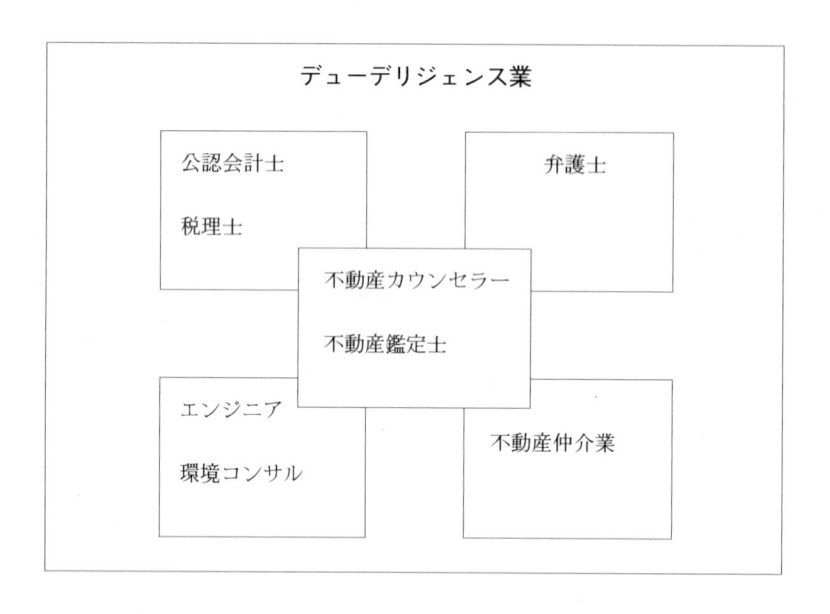

```
┌─────────────────────────────────────────┐
│            デューデリジェンス業             │
│  ┌──────────────┐    ┌──────────────┐    │
│  │ 公認会計士     │    │  弁護士       │    │
│  │ 税理士        │    │              │    │
│  │       ┌──────────────┐            │    │
│  │       │ 不動産カウンセラー │        │    │
│  │       │ 不動産鑑定士     │        │    │
│  └───────└──────────────┘──────────┘    │
│  ┌──────────────┐    ┌──────────────┐    │
│  │ エンジニア     │    │              │    │
│  │ 環境コンサル   │    │ 不動産仲介業   │    │
│  └──────────────┘    └──────────────┘    │
└─────────────────────────────────────────┘
```

債券市場における改善すべき点

近藤 章

(はじめに)

東京金融資本市場の自由化・国際化が本格的に議論されはじめて既に20年、日米円・ドル委員会から数えても15年以上の歳月を数える。この間、海外の市場は大きな変貌を遂げたが、我が国の変化は遅々とした歩みを辿っているとの印象が強い。

しかし、東京市場を構成する外国為替、株式、債券の3市場を見ると自由化・国際化のテンポはそれぞれ違っている。

外国為替市場の自由化が一番先行し、東京銀行と三菱銀行の合併という象徴的な出来事と相前後して外国為替管理が全廃され、東京市場はグローバル・マーケットに完全に組み込まれるに至った。

株式市場の自由化・国際化は、手数料の自由化という観点から見ると外国為替市場の自由化に遥かに遅れをとった。しかし、山一証券の蹉跌に象徴される4大証券体制の崩壊が外国証券会社の市場シェアを拡大させ、東京証券取引所も今やグローバル・マーケットに確実に組み込まれつつある。

一番自由化と国際化が遅れているのが債券市場であろう。我が国の債券市場も今後、日本興行銀行が完全に歴史的使命を終え、政府が5年債の発行に踏み切ったことで大きな転機を迎えた。これを契機にグローバル・マーケットの中に組み込まれて行くことになるのか、引き続き巨大なローカル・マーケットであり続けるのか……

30年後東京市場の歴史を振り返ったとき、(バブル崩壊後の所謂喪われた10年)の間に、東京銀行、山一証券、日本興行銀行の消滅を機に、我が国の外国

為替市場、株式市場、債券市場がそれぞれグローバル市場に組み込まれたというように要約されるのかも知れない。

このような我が国の債券市場で、「不動産の証券化」を今スタートさせるにはどうしたら良いのか。市場の現状と今後を考えてみたい。

1. 我が国債券市場の現状

我が国の債券市場は何故一番グローバル・マーケットに組み込まれるのが遅れているのであろうか。まず、現状を見てみよう。

世界の債券市場のなかでは、国際市場としてのユーロ債市場と米国の債券市場が最も市場としての機能が整った市場である。米国市場と日本の市場を比較してみると：

両市場の債券発行残高は米国が約1,500兆円、我が国が562兆円とほぼ両国のGDPに比例している。しかし、発行者を見ると大きな差が存在する。米国の国債と我が国の国債の残高はほぼ同額であるが、我が国の場合、政府機関債と地方債を加えると全債券残高の76%を公的部門が占めている（米国43%）。我が国の債券市場は公的部門の資金調達の場であり、米国の場合は財政の赤字が長く続いた後で公的部門の資金調達の市場という性格も色濃いとはいえ、民間部門の直接金融市場としての機能を果たしていることが見てとれる（「報告書」資料12債券市場の日米比較）。

我が国の債券市場が民間部門の資金調達市場として十分に機能していないことが、80年代から90年代にかけて日本企業のユーロ債発行が盛んになった一因であった。

(1) 投資家

債券投資家について見てみよう（「報告書」資料13日米の国債の保有状況）。差が際立つのは、米国の政府債の40%強が外国投資家と個人投資家によって保有されているのに対し、我が国の場合は大部分が政府関係機関と金融機関によって保有されていることである。

我が国の国債が直接市場では全体の2%しか個人投資家によって保有され

ていない。個人部門の資金は一旦郵便貯金、銀行預金あるいは生命保険の形で金融機関を通じて間接的に国債に流れている。社債市場も同様で、最近個人向けの起債が増加しているとはいえ、基本的には金融機関を仲介した個人部門から企業部門への資金供給の市場となっている。

　市場の国際化という観点から見ても我が国の債券市場の国際化は遅々として進まず、国債の外国人保有比率は5％内外に止まり、米国の35％前後とは比較にならない。外国投資家が少ない分だけ我が国政府は、格付低下の影響をあまり受けず、またキャピタル・フライトの心配をしないで済むことから、市場のチェックに晒されないまま赤字国債を積み上げることが可能であったとも言えよう。

　機関化現象という点でみても、米国で政府債の約30％を保有する機関投資家の大層は投資信託や年金基金であるが、我が国の場合はこのような個人部門資金の市場への流れの機関化現象は、いまだ本格化していない。ことに、マネーマーケット・ファンドや債券ファンドが未発達である。この原因としては、自由化の遅れと市場の未発達という面があるが、我が国証券会社が一般大衆資金の吸収に失敗し続けたことが日米間の大きな差とも言えよう。

(2) 流通市場

　我が国債券市場が十分に機能していないことは、流通市場に顕著に現れている。我が国の債券投資家の投資姿勢はバイ・アンド・ホールドであるといわれるが、ポートフォリオの入れ替えのコストがきわめて高い流通市場がこのような投資姿勢を余儀なくしている面も否定できない。

　我が国の債券市場には発行市場があっても流通市場はないも同然と、米国の証券業者に指摘されている。国債の売買回転率が米国の年間22回に対し、我が国はその3分の1に満たないという数字がその証拠となっている（「報告書」資料14我が国国債市場の特徴）。回転率の低さは国債が政府・中央銀行によって保有される割合の高さの結果であり、安定的な投資家によって国債が保有されることは、国債の安定かつ、低廉な発行を可能とするという視点から、必ずしもマイナスではないとの反論もある。しかし、このことが国

債発行に対し市場からの歯止めを失わせていることのマイナスは看過できないように思われる。

さらに、国債の流動性が低く現先市場が未発達であることが時として国債の市場価格を乱高下させている。

(3) 市場の価格形成機能

2000年3月、我が国で初めて5年国債が発行された。G7の各国政府は政府債の発行年限を多様化させて、その中に市場金利の目安となる指標銘柄（ベンチマーク）を多数持っているが、我が国の場合は10年債のみを指標銘柄としてきた。その理由は、長期信用銀行が発行する3年・5年もの債券との市場での競合を避けてきたためと言われている。

この結果、我が国債券市場では信用リスクのない国債金利を結んだ金利カーブが描けない状況が永く続いてきた。やや専門的になるが、各国の債券市場では信用リスクのない国債の金利カーブを基準として、その上に信用リスクに応じた信用料（リスク・プレミアム）を乗せて、発行価格や流通価格が決定されている。このような、市場の価格（金利カーブ）形成機能を未だに欠いている我が国債券市場が、グローバル化の流れから大きく取り残されているのは当然といえば当然である。

2．我が国におけるＡＢＳ市場

ＡＢＳ（アセット・バック証券）は広く資産担保証券のことであり、「不動産の証券化」もこの範疇に入る。我が国の伝統的な担保付社債も広義ＡＢＳであるとも言えない訳ではない。しかし、米国では、住宅ローン、不動産ローン、自動車ローン、クレジット・カード債権、リース料収入や、さらには銀行ローンや債券を担保として発行された証券の総称がＡＢＳである。

米国のＡＢＳのなかで一番歴史があり、かつポピュラーなジニー・メーやファニー・メーといった政府機関が民間金融機関の住宅ローンをプールして発行する住宅抵当証券（ＭＢＳ）である。米国においてもＭＢＡ以外のＡＢＳの発行が急増したのは90年代に入ってからのことである（「報告書」資料11資産担

保証券（ＡＢＳ）市場の日米比較）。

　我が国の場合、旧住宅金融公庫の行う住宅ローンの資金は財政投融資であり、市場からの住宅抵当証券の発行を通じた資金調達が本格化するのはこれからである。政府機関のＡＢＳ以外の民間ＡＢＳも、我が国の金融機関にも漸く資産圧縮の圧力がかかってきたことから、住宅ローン、不動産貸金、リース債権などを担保に証券を発行する動きが活発化している。米国で起こったことを10年遅れで追っているという状況にあると言えよう。

　不動産の証券化という観点から見ると、我が国では政府系金融機関の市場調達と、民間金融機関の証券化の動きが、期を一にして起こっていることが、日米の際立った差違である。このような債券発行ニーズを我が国の債券市場は消化して行けるのであろうか。この点が、不動産の証券化が一般化するかどうかにとって極めて重要なポイントとなる。

3．我が国債券市場の今後

　我が国債券市場がグローバル・マーケットの中に組み込まれて行くことになるのか、巨大なローカル・マーケットであり続けるのか、今大きな転換期にあることは既に述べた。

　証券手数料の自由化は米国では1975年に行われ、ディスカウント・ブローカーが出現し、90年代に401Ｋが本格化して右肩上がりの株価とあいまって株式投資の大衆化が進展。90年代の後半にインターネットを利用した証券ブローカー（オンライン証券会社）が登場した。米国で25年間の間に証券会社に起こった大きな出来事が、我が国の株式市場ではここ数年の間に集中して起こっている。

　米国の債券市場の近代化、グローバライゼーションも永い時間をかけて今日の姿になっているのであるが、我が国の債券市場は株式市場と同様に、極めて短時間のうちに変化を遂げないとグローバル市場からは取り残されることになりかねない。

　米国債券市場が20世紀末にかけての20年あまりの時間をかけて整備した市場機能に、果たして我が国の債券市場は追いついて行けるのであろうか。我が国

の資金循環が間接金融と政府部門の民間金融への深いかかわりによって運営され、それに対応した資源配分が行われてきた。この枠組み自体が、今日破綻を来しつつある。これをどのような形で短期間のうちに解決していくのか、その方向をセクター別に考えてみたい。債券市場が米国の債券市場に近い形の機能を果たさないことには、不動産の証券化の研究は出来ても、実現の道が見当たらないからである。

(1) 投資家

　我が国には1,300兆円の個人金融資産が存在し、その実に55％が、現金・預金の形で保有され、保険・年金を加えると全体の82.5％が、既存の金融機関を経由して、貸金なり債券・株式投資のかたちで民間部門や政府部門の資金需要を賄っている。個人部門から直接・間接いずれにしても個人の投資判断によって株式、債券および投資信託に回っている資金は14.5％に止まっている。

　これに対し米国の場合は、401Kを通じた資産運用も個人の投資判断によると考えると、全体の60-70％は個人部門の判断によって資金が市場で運用されている（「報告書」資料4民間の金融資産構成について）。

　この状況が果たして短期間のうちに大きく変化するものであろうか。我が国の個人部門は、この低金利下においてもその資産運用のスタイルを大きくは変えていないのが現実の姿である。一般大衆にとっては、資産運用を個人のリスクで行うべき消費者教育を受ける機会もなく、直接金融の担い手であるべき証券会社は大衆化というテーマに過去何度も失敗を重ねてきている。

　さらに状況を困難にしているのは、我が国の個人金融資産のほとんどが50歳以上の世代に帰属しており、この世代の投資行動を変えることが非常に難しく、また老後を控えた世代にハイ・リスク・ハイ・リターンの投資を勧めることには躊躇せざるを得ない。期待される変化といえば、銀行の投信窓販や債券の窓販が堅調なのびを示していること。さらにはネット化に伴う証券の販売チャネルの変化と、情報伝達ルートの変化にともなう投資家教育の浸透が世の中を変えていく可能性があると思われることである。

生保・年金についてみると、我が国の機関投資家の運用スタイルは米国の場合に比して一般的には慎重であり、債券投資もバイ・アンド・ホールドが一般的で、ポートフォリオ分散の考え方や、ポートフォリオを積極的に組み替えて運用実績を上げようとする米国流のスタイルは一般的ではない。しかし、このセクターは今後急速に変化を遂げる可能性がある。変化しないことには、今後中期的に想定される金利上昇に耐えられないからである。

投資信託についてみると、日米間で90年代の初め残高はさほど変わらなかったものが、今や10倍近く米国の残高が我が国を上回っている。この乖離は両国株式市場の株価上昇の差のみでは説明できず、401K制度の持つ大衆資金の動員力も大きな差となっている。また、我が国のマネー・マーケット・ファンドと公社債投信への時価会計導入の遅れや、証券会社の回転売買を薦めて手数料を稼ぐといった販売スタイルの問題が、投信市場の拡大のネックとなってきた。

先に述べた銀行の投信窓販の健闘や、日本版401Kの導入が我が国の投資信託の残高増加、ひいては個人金融資産を間接的にせよ証券市場へ誘導する道筋を拡大することが期待されている。

どこまでの速度でこのような預貯金離れという変化が起こり得るのか予測し難いが、1999年一年間で個人の外貨預金・外貨投信が2兆円の残高増をみせていることは（依然個人に対する外国為替手数料が極めて高いというネックを超えた動きであるだけに）注目に値する。家計の既存金融システムへの反乱が始まったと断ずるには早計ではあろうが……

(2) 市場の機能整備

国債の発行市場の変革、特に個人向け直販体制を整備していく必要があるが、同時に外国投資家に対し国債市場を開放していくことが急務である。長年の懸案であった非居住者に対する国債クーポンへの源泉税免除が1999年秋に実現したものの、実務上のネックから評価されていない。本当に外国投資家の国際投資を拡大するのであれば、実務的な対応が不可欠である。

5年債、15年債や3年割引債の発行による発行年限の多様化、同一条件で

繰り返し市場発行をするリオープン方式の導入等によるベンチマークの拡充、さらにはゼロ・クーポン債の発行・創出の容認など国債市場のあり方を変革する試みが今後検討され、順次実施されるものとみられる。同時に国債管理のシステムの確立といった、米国で既に実施されてきた体制整備が待たれる。リスク・フリー債券である国債の金利カーブがキチンと描けるようになる日の到来が期待される。

　流通市場で今後検討を要する最大のポイントは、非居住者のみならず居住者が保有する国債についての源泉税の取扱いであろう。しかし、これは総合申告課税制度への移行といった我が国の税体系そのものにかかわる問題であり、一朝一夕に米国型への移行は困難が伴う。

　むしろ、現実的には国債・社債の流通市場の透明性を高める努力が急務と思われる。ネット化の流れのなかで、債券のネット起債やネット流通が急速に一般化する兆しがある。また時価会計の導入にともなって我が国証券会社は、従来のような閉鎖的なマーケット・メーキングから脱却して、より透明度の高い債券の流通価格形成を目指す必要があろう。ネット化にともなう情報量の拡大が市場の透明性を向上させていくことは間違いのないところで、証券会社もこれに対応せざるを得ない状況となっていると思われる。

（結び）

　我が国の債券市場が十分に機能していない状況にあっても、すでに不動産の証券化の努力は始まっている。証券化商品の設計技術そのものは、先行する米国の事例を我が国の法体系に適合させるという努力で足りる。また制度上のネットも順次とり除かれていくものと思われる。しかし、本質的には我が国債券市場全体の発行市場の整備と流動性の向上がなければ、不動産の証券化による不動産市場への資金流入というパイプは限定的とならざるを得ない。

　債券市場を構成する各部門で程度と速度の差こそあれ、変化の兆しは確かに存在する。しかし、近い将来に大きな変化が起こり我が国の債券市場の機能が整備され、巨額の資金が間接金融から直接金融へとメガ・シフトするという確

証は残念ながら認めがたいのではなかろうか。こういった状況のなかで、不動産の証券化の努力がどこまで報われるのか。米国のような状況に到達するには時間が掛かるのではないかというのが、偽らざる実感である。やはり、金融の世界では「蛙飛び」は期待し難いのであろうか。

第Ⅰ部 不動産の証券化をめぐる論考集

不動産の証券化と鑑定評価

大 川 陸 治

　一昨年の9月にSPC法が施行され、東急不動産は早速郊外のGMS（General Merchandise Store）の証券化に取り組み、昨年3月に証券を発行した。SPC法において、収益不動産を対象とした場合、種々の使いにくさがあり、実務経験に基づいて不動産協会を通して改正を要望していた。

　また、金融制度審議会第一部会において、「不動産証券化」について現場の声を聞きたい、ということでオブザーバーとして出席し、証券化の経験と不動産の特性を話すとともに、金融商品としての不動産の証券化についてディスカッションに参加する機会を得た。

　その後、本研究会に参加し、国際金融出身の方の多いなかで、ドメスティックな仕事をしてきた私にとってかなりの戸惑いがあったが、良い刺激を受け、視野が広がった気がしている。

　このような機会での金融業界の方々との交流において
「不動産は金融商品になりうるのか？」
「客観的な投資基準があるのか？」
「金融商品とどこが違うのか？」
といった質問に何度も遭遇した。

　投資用不動産は金融資産と同じように、収益と利回りから価格の把握は可能であるけれども、他の金融資産と異なり、不動産の特性（自然的、人文的）を十二分に留意することが必要と思われる。

　また、不動産鑑定評価書はSPC法および投信法において、ストラクチャー組成のため必要資料とされており、投資家サイドに立った格付機関、デューデ

リジェンスの出発点ともなり、非常に重要な役目を負っている。

　私自身、不動産鑑定士であり、鑑定協会の証券化関連の講習会に出席し、証券化における鑑定士の役割、責任の重大さに身の引き締まる思いをしている。

　ただ、「証券化における鑑定評価」について、金融業界および不動産業界、鑑定業界において認識のギャップが各々にあるように思われる。

　そのギャップを早急に埋めることも必要であるが、各業界の過去の歴史と将来の変化について、相互理解を深めていくことも重要である。

◎鑑定評価に関する諸制度

　1963年　不動産鑑定評価に関する法律

　1964年　「不動産鑑定評価基準」制定

　1969年　地価公示法

　1974年　国土利用計画法

　1989年　土地基本法

　1990年　「不動産鑑定評価基準」改定

　今までの鑑定業界の仕事は、公共用地の補償・地価公示・固定資産税評価・国土法・金融機関等、主に土地（更地）中心の評価であった。

　また、鑑定評価書も依頼者に提出するだけで、第三者に対しては守秘義務の対象となっていた。

　一方、不動産業界においては、収益ビルは長期保有型、中短期回転型はマンション・戸建の開発型であった。この背景には、バブル前までの人口増加、都市集中による地価の右肩上がり現象（いわゆる土地神話）があったことは否めない。

　バブル崩壊後のこの10年において、土地神話は崩壊し、経済のグローバル化、資金の国際的移動とオーバーラップし、急速に不動産の証券化がクローズアップしてきた。

　鑑定業界においては、不動産の証券化における役割および時価会計の浸透に伴う棚卸資産および固定資産の評価等、民間からのニーズが急速に広がりつつある。

第Ⅰ部　不動産の証券化をめぐる論考集

　この様な急激な環境変化に対応するべく、鑑定業界においては
1998年　不良債権の担保不動産の鑑定評価の留意事項
1999年　ＳＰＣ法に係る不動産の鑑定評価上の留意事項
2000年　資産流動化法に係る不動産の鑑定評価上の留意事項
　　　　投信法に係る不動産の鑑定評価上の留意事項
　　　　販売用不動産の強制評価減に係る不動産鑑定評価の留意事項
　　　　民事再生法に係る不動産鑑定評価の留意事項
等を取りまとめ、敏速な対応を行っている。

　私も前述の講習会に参加し、会場の鑑定士の方々と意見交換時、その緊張感と戸惑いを見ていると、金融業界の方々との間で感じたギャップと相通ずるものがあるのではないかと思った。

　不動産の鑑定評価業務が証券化においてゆるぎない地歩を築くために、過去の歴史と足元をしっかり見て、次の一歩を踏み出すべきだと思い、以下、ちょっと乱暴と思われるかもしれないが、ＤＣＦ法について私見を述べたい。

　不動産証券化商品が金融商品と比肩しうる必要条件として、米国で収益不動産の鑑定評価に一般的なＤＣＦ法の導入が注目されている。

　ＤＣＦ法は、対象不動産の保有期間中に得られる収益（インカムゲイン）と期間満了時の転売によって得られる収益（キャピタルゲイン）の現在価値の総和を求める手法であり、次の式で表わされる。

$$\text{不動産の価格} = \sum_{t=1}^{n} \frac{a_t}{(1+\text{割引率})^t} + \frac{\text{復帰価格}}{(1+\text{割引率})^n}$$

　　a_t；投資期間中の各年の純収益
　　n；投資期間
このa_tは、金融商品の金利・社債・株の配当に類似するものであるが、不動産の特性※のため、かなり性格が異なる。
※不動産の特性
・自然的特性…地理的位置の固定性・不動性・永続性・不増性・個別性等を有し、固定的であって硬直的である。

・人文的特性…用途の多様性・併合および分割の可能性・社会的および経済的位置の可変性等を有し、可変的であって伸縮的である。
・地　域　性…他の不動産とともに、用途的に同質性を有する一定の地域を構成してこれに属することにより、その有用性を発揮する。

　実物資産である不動産の果実（収益）を得るには元本（対象不動産）に対する日常のメンテナンスはじめ、各種マネジメントが不可欠である。また、不動産（土地）は動かすことができないので、中長期的には地域要因の動向にその価値を大きく影響される。

　したがって、対象不動産に対して純収益の査定において、個別の状況（立地、建物、テナント、契約内容等）および近隣地域の類似不動産の調査、地域の社会的、経済的、行政的な要因の過去の推移と将来の動向等、かなり現場に根差した調査が重要であり、フィールドワークの重要性がここにある。

　今後、鑑定評価においては、対象不動産の個別分析とともに、地域分析の精緻さが問われることになるとともに、その積み重ねが不動産投資インデックスの形成に寄与すると思われる。

　ＤＣＦ法で使用する割引率についても、オフィス・商業・住宅の用途別、また地域別に過去のトレンドに基づいて求める方が実証的であるが、近年ＤＣＦ法が前提としつつある収益不動産の中短期的売買は、今までの日本において一般的ではないため、割引率に関してその実証性を補完するに足る情報の蓄積が非常に少ない。

　その意味で特筆すれば"鑑定評価書の地域分析"の実証力ある内容が情報の蓄積のベースとなっていく可能性があり、今後の重要性は高くなると考えられる。

　また、ＤＣＦ法における割引率（ＤＲ）は基本金利＋リスクプレミアム，復帰価格を求めるターミナルレート（ＴＲ）は、期間満了時の金利、還元利回り等によって左右される。

　これらを求めないと鑑定評価額を決定できない訳であるが、数理的に割引率，純収益を一定（10年間）としても、割引率６％のとき、ＴＲが５％～７％、２

％異なるだけで価格は約19％も差が出る。（図－1）（図面は末尾添付）

さらに、DRが5％～7％、TRが5％～7％の間とすると、価格は34％も差が出る。（図－2）（図面は末尾添付）

この様に、DR，TRは価格決定に多大な影響力を有している。

だが、DR，TRの両数値は、GDP、金利および国際的な資金の移動、為替等により変化するわけで、推測が誠に困難である。

米国においては、地価よりも建物収益、不動産収益力を重視したため、DCF法適用の歴史があり、過去のトレンドからもDR，TRを求めることも一般的に許容されている。また、価格時点での収益価格の取引事例より還元利回りを求める手法も重視されていると聞く。

日本の過去の不動産市場および鑑定評価の歴史的性格により、DCF法において必要なDR，TRの過去の蓄積が少なく、また、収益価格（中短期投資価格）の取引事例の少ない我が国において、実証的にDR，TR等を求めることは非常に困難である。

純収益の把握において、個別性、地域性を精緻に分析しても、DR，TRの採用レートに起因する価格のブレは非常に大きい。つまり、当該数値が価格決定に与える影響力は非常に大きく、本来のフィールドワークによる調査が価格に反映する力は弱まってしまう。

一方、それらの数値に関する将来の予測も、グローバル化した日本経済においてはかなり困難である。

したがって、鑑定評価の実証性を担保するためにも、不動産鑑定評価における合理的市場の想定にこの分野では一定の限界があるという観点から、DCF法による価格は、ある幅で出すか、図－2のようなグラフ表示か、ということもあり得るのではないか。

その仮説では、鑑定評価額はどう算定するのか？

これについては、純収益の把握の際に個別的要因と地域要因の徹底した分析を行うことにより、「積算価格」および「収益物件の取引事例からの比準価格」を求め、図－2にマークした上で、鑑定評価額を決定することも可能である。

不動産の鑑定評価業務は、基本的にはフィールドワークであり、価格時点における賃料、取引価格、積算価格等を個別的、地域的に不動産鑑定士という専門家の眼で徹底的に分析することにその重要性があり、最大の価値があると思う。

　確かに、鑑定評価基準においては、過去の推移および将来の分析、予測を行うとなっているが、中短期投資の対象となる不動産について投資価格を求める場合、会計基準のグローバル化、資金の国際的移動等、金融商品として影響の受けやすい要因が新たに加わり、価格変動が予想される段階において、投資判断は投資家の自己責任で実施されるというポリシーからも、ＤＣＦ法で求める価格はある幅で示すことが、むしろ鑑定評価の信用力を高めることにもなるのではないかと思う。

　不動産（とりわけ投資用不動産）の持っている他の金融資産と異なる特性を鑑定評価書では、個別的・地域的に精緻に調査・分析し表現することが格付機関および投資家の求めるところであると思われる。

　鑑定評価の重要性およびその予測の限界を認識しつつ、より実証性の高い評価書（透明性の高い評価書ともいえる）を作成することが必要である。以上が金融業界、不動産業界、鑑定業界の間で、私が感じたギャップに対する現時点における私なりの整理であり実務を通しての本報告書における「不動産鑑定評価のあり方」への一つの試論でもある。

第Ⅰ部　不動産の証券化をめぐる論考集

表—1　DCF法による価格査定表

（最終還元利回り＝6.00％、割引率＝6.00％の場合）

① 10年間のネットキャッシュフロー現価の合計額	a 11年目の正味純収益	b 最終還元利回り	c (=a÷b) 11年目期末の復帰価格	d 復帰実現費用	e (=c−d) 正味復帰価値	f 複利現価率	（割引率）	g (=e×f) 正味復帰価値の現価	②	①+② DCF法による価格
4,493	611	6.00％	10,175	305	9,870	0.5584	6.00％	5,511		10,005

表—2　キャッシュフロー

	1	2	3	4	5	6	7	8	9	10	11
満室賃料	800	800	800	800	800	800	800	800	800	800	800
共益費	130	130	130	130	130	130	130	130	130	130	130
稼働率	95％	95％	95％	95％	95％	95％	95％	95％	95％	95％	95％
運営収入	884	884	884	884	884	884	884	884	884	884	884
賃料	760	760	760	760	760	760	760	760	760	760	760
共益費	124	124	124	124	124	124	124	124	124	124	124
直接運営費用	200	200	200	200	200	200	200	200	200	200	200
直接運営損益	684	684	684	684	684	684	684	684	684	684	684
資本的支出	73	73	73	73	73	73	73	73	73	73	73
ネットキャッシュフロー	611	611	611	611	611	611	611	611	611	611	611
10年目期末復帰価格										10,175	
ネットキャッシュフローの現価	576	543	513	484	456	430	406	383	361	341	

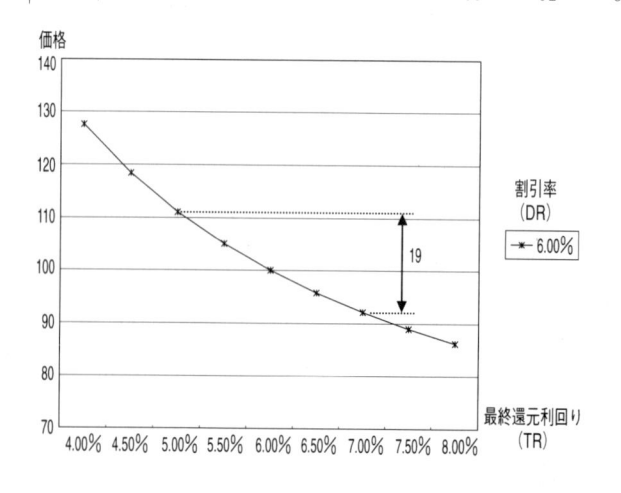

図—1　DCF法における最終還元利回り（TR）による価格の変化

（割引率（DR）＝6.00％の場合）

TR＝6.00％，DR＝6.00％のとき、価格を100とする

	最終還元利回り（TR）							
	4.00％	4.50％	5.00％	5.50％	6.00％	6.50％	7.00％	7.50％	8.00％
DR　6.00％	128	118	111	105	100	96	92	89	86

図—2　DCF法における最終還元利回り（TR）・割引率（DR）による価格の変化

TR＝6.00％，DR＝6.00％のとき、価格を100とする

割引率	最終還元利回り（TR）								
		4.00%	4.50%	5.00%	5.50%	6.00%	6.50%	7.00%	7.50%	8.00%
	4.00%	150	138	130	122	116	111	107	103	100
	4.50%	144	133	125	118	112	107	103	99	96
	5.00%	138	128	120	113	108	103	99	96	93
	5.50%	133	123	115	109	104	99	96	92	89
	6.00%	128	118	111	105	100	96	92	89	86
	6.50%	123	114	107	101	96	92	89	86	83
	7.00%	118	110	103	98	93	89	86	83	81
	7.50%	114	106	99	94	90	86	83	80	78
	8.00%	110	102	96	91	87	83	80	78	75
	TR＝DR	150	133	120	109	100	92	86	80	75

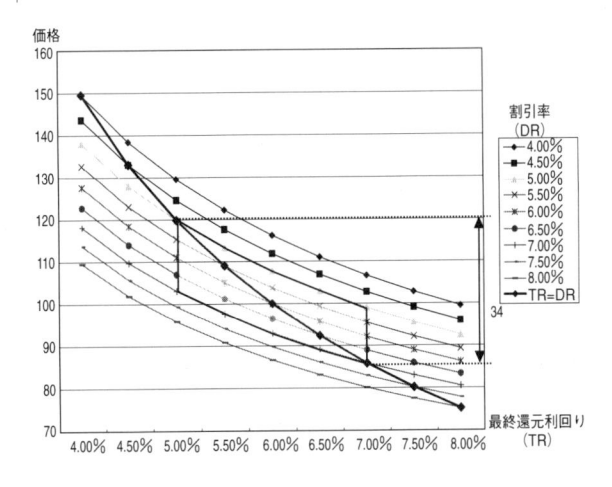

第Ⅰ部　不動産の証券化をめぐる論考集

ファイナンスアプローチによる不動産証券化に関する一考察

亀谷　祥治

1．プロローグ
2．資金調達アプローチ
　(1)　プロジェクトフィージビリテイ
　(2)　審査分析によるデータの確定
　(3)　投資評価
3．資産運用（ポートフォリオ）アプローチ
4．エピローグ
5．参考文献、アペンデイックス(1)、(2)、(3)、(4)、(5)

1．プロローグ

　不動産という資産を資産運用の対象として、段階的に把握すると、不動産への直接投資、不動産証券への投資、不動産投資信託と考えられ、この順に、ハイリスク、ハイリターンであると考えられる。だからこそ、最近まで、大蔵省のガイドラインとして、5, 3, 3, 2の規制があり、不動産への直接投資は、20％以下とされてきたのである。この不動産が証券化されるということになると、具体的には、たとえば、ビルを証券化し、つまり、特定目的会社（SPC）を設立し、ここが、証券発行体となり、投資家は、賃貸料収入を配当として獲得し、ビルを売却した場合に、投下資金を回収することになるが、第一に、この不動産証券化商品により、資金調達が可能となるということである。それも、従来の、不良債権処理におわれ、制度疲労をきたしているのではないかといわれる、銀行借り入れ、間接金融による調達のみでなく、債券または株式発行と

いった直接金融による調達が可能となるのである。第二に、この不動産証券化商品を資産運用の対象として選択できることになるのであり、不動産投資信託まで選択肢に入れることになると、リスク分散の視点からも、安定的なものと考えることが、可能となる。

2．資金調達アプローチ

　そこで、まず、資金調達の視点から考えたい。不動産証券化には、適切なものもあり、不適切なものもある。いずれにしても、決め手は、不動産価値が高いことが重要である。そのためには、キャッシュフローが重要で、これが、証券化の決め手になる。しかも、科学的、合理的な手法とデータが前提となる。そこで、デューデリジェンスが重要で、ここに、銀行の企業審査手法、プロジェクト審査手法が応用できる。

(1)　プロジェクトフィージビリテイ

　　そこで、この審査手法を応用することにする。キャッシュフローを減価償却前税引き後利益と考えると、プロジェクトフィージビリテイのスキームを使えばよい。これは、アペンデイックス(1)および(2)に示されているように、損益計算書、資金計画、貸借対照表からなっている。ただし、この三つの計算表の間には、整合性が必要である。減価償却前税引き後利益は、内部留保と一致していること、資金不足は、運転借入金、すなわち、短期借入金に一致していることなどである。

　　さらに、インプットされるデータについても、可能な限り、科学的、合理的であることが前提となる。仮に、設備投資が、ポートフォリオ型の多角化を志向するものであれば、先行している、同業他社との横並び比較が要請されることになるし、シナジー型の多角化を意図するものであれば、審査作業を必要とする。この審査体系は、アペンデイックス(3)に示されている。

(2)　審査分析によるデータの確定

　　審査分析の考え方は、アペンデイックス(3)において、1から4により分析され、評価された実績、実態、実力を持った企業が、この企業に大きなイン

バクト、変化を与えるために、5,6で分析され、評価を受けるような設備投資を実施するということであるから、これを、織り込んで、7で計算される長期的収益力が、どれぐらいであるか、できるだけ、科学的、合理的に計算しようとするものである。したがって、これが、絵に書いた餅であってはならないのである。何らかの結果を得るための数字あわせであってはならないのである。この結果、単年度黒字転換時期、繰越欠損解消時期、債務償還完了年に着目し、これらとベンチマークとを比較することになり、これらをクリアーできれば、フィージビリテイがあるということになる。

こうした審査分析のプロセスにおいて、例えば、売上高の分析において、売上高を、数量と単価に分解して増収要因、減収要因を分析し、評価することは、有効で、このプロセスにおいて、実績を織り込んだ、数量と単価というデータを獲得することが可能となる。こうして確定できたデータをフィージビリテイ計算にインプットすれば、実態と整合性のあるアウトプットを計算できることになる。

(3) 投資評価

かくして、データが確定され、例えば、アペンディックス(4)に示されているようなデータおよび計算手法と通常のアカウンテイングの手法により、プロジェクトフィージビリテイが計算されることになるが、投資評価については、ＡＲＲ、ＰＡＹＢＡＣＫ、ＩＲＲ、ＮＰＶといったアプローチがある。ＡＲＲにおいては、その計算結果と他の資産運用のリターンとが比較され、ＡＲＲが大きい場合に選択される。ＰＡＹＢＡＣＫにおいては、計算結果の償還年数と設備投資の加重平均耐用年数とが比較され、前者が小さい場合のみ、選択される。ＩＲＲにおいては、計算式から得られる収益率と、企業の経営者の、設備投資の意思決定者の期待収益率とが比較し、前者が大きい場合においてのみ、当該設備投資が選択され、実施されることになる。ＮＰＶにおいては、割引率を期待収益率として、計算結果がプラスである場合のみ、選択され、実施されることになる。

こうしたプロセスを通じて、デューデリジェンスを実現できることになり、

資金調達の手段として、不動産証券化商品が注目されることになる。このためには、当然にして、これら審査項目についての情報開示が前提となる。かつ、このことを通じて、日本の不動産市場の透明度が上がれば、これにしくことはない。

3. 資産運用（ポートフォリオ）アプローチ

　筆者は、ビジネスの世界にいた頃、資産運用管理を担当したことがある。バブルの崩壊により、予定利率を達成できず、掛け金のアップ、給付のダウンを検討していた。ちょうど、おりしも、現代投資理論においては、従来、リターン重視であったが、リスクとセットで考えることとなり、リスク分散に注力することに変化している。リスク分散は、リターン間の標準偏差を計算し、時間分散、地域分散、銘柄分散等により、実現していくことになる。いずれにしても、リターンの相関係数が、限りなく、－1の関係を選択し、投資していくことになる。このことは、アペンデイックス(5)により、証明されている。

　たとえば、時間分散アプローチは、過去の実績と将来予想につき、リターンの相関係数が限りなく－1の資産運用受託者を選択する。事後的にはデータで判別できるので、これを、できるだけ、事前に把握できるように努める。因みに、資産運用受託者選択には5つのPといった判断基準がある。すなわち、パフォーマンス、フィロソフィ、プロセス、パースン、ポートフォリオといわれるもので、このうち、定量的なものは、パフォーマンス、すなわち、リターンで、これは、キャピタルゲインとインカムゲインとを加えたもので、残りの4基準は、定性的評価である。

　また、地域分散アプローチは、国際分散投資に典型的に見られるが、これも、リターンの相関係数が、限りなく、－1となる地域を選択することが、リスク分散になる。例えば、一時期のエマージングマーケットのリターンと日本のリターンとの相関係数は、マイナス0.13で、逆相関の実績がある。

　かつ、アクテイブ、パッシブといった投資パターンの2分法がある。第一に、技術、情報の非対称性前提が、アクテイブである。第二に、バイスベルサで、

リターンの90％はアセットアロケーションで、経験則であるが、決定されるとするものが、パッシブである。そこで、アセットアロケーションは重要なものとなる。すなわち、理論的に、すべての情報が、株価に反映されるという効率的市場仮説を信奉するならば、パッシブ運用を選択することになるが、情報格差の存在で、割高株、割安株が分析、認識され、銘柄選択が重要と考えるならば、アクティブ運用を選択していくことになる。現実的には、経済学における完全競争と同様に、効率的市場は存在せず、そこでは、アクティブ運用が重要であり、さらに、優秀なファンドマネジャーにとっては、ビジネスチャンスでさえある。

　最近の、確定拠出型年金導入機運のなかで、リスクテイクと考え、不動産、証券化不動産への投資運用が増えると考え、そこで、先行している外資系投資顧問にヒアリングしてみると、総じて、次のような感触であった。原則として、株、債券であって、デリバティブ、この不動産証券化商品といった、いわゆる、オールタナティブ（代替投資）には注力していない。さらに、日本は、マーケットが小さい上に、単品の証券化で、リスク分散不十分、したがって、個別性も強いので、ポートフォリオに組み込むことは難しい由であった。そこで、前提条件の整備、市場の成長、成熟を待って、アクティブ、パッシブ運用の選択をしていくことになろう。

4．エピローグ

　以上、総じて見ると、不動産証券化は資金調達、それも、直接金融による資金調達、および、資産運用の選択肢を拡大することになる。しかも、いずれにしても、デューデリジェンスが大前提になる。加えて、不動産証券化普及のためには、長期的には、ともかくとして、短期的には、投資家保護政策、税制優遇措置など市場規模拡大策が望まれ、とくに、不動産情報の日常的な、継続的な開示を通じての透明度向上、デューデリジェンスの実現、これにより証明される投資適格物件の充実、ならびに、明確な投資指標、ベンチマークの充実、5，3，3，2ガイドラインの慣性からの脱却、確定拠出型年金導入機運の有

効活用が考えられる。さらに、鶏と卵の関係かもしれないが、複数物件の証券化を実現し、リスク分散の十分な商品があれば、資金も流入し、市場も活性化するし、資金が流入すれば、商品も増え、市場も活性化することになると考える。

5．参考文献、アペンデイックス(1)、(2)、(3)、(4)、(5)

(1) 国際分散投資についての一考察　亀谷祥治　2000．2　生活経済学研究第15巻

(2) 地域開発プロジェクトファイナンスと証券化に関する一考察　亀谷祥治　2000．5　第24回日本経営システム学会全国研究発表大会報告

(3) 国際投資分散の理論と新潮流（上）、（下）　亀谷祥治　1996．5及び6　金融ジャーナル

(4) 投資工学とリストラの経済学　亀谷祥治　1994．3　新報出版

(5) 国際分散投資　亀谷祥治　1997．10　財経詳報

第Ⅰ部 不動産の証券化をめぐる論考集

アペンディックス(1)

償還能力	1 6	2 7	3 8	4 9	5 10	6 11	7 12	8 13	9 14	10 15	11 16	12 17	13 18	14 19	15 20
〈損益予想〉															
収入 計	0	1,850	1,850	1,850	2,035	2,035	2,035	2,239	2,240	2,241	2,466	2,467	2,465	2,710	2,709
営業収入	0	1,850	1,850	1,850	2,035	2,035	2,035	2,239	2,239	2,239	2,462	2,462	2,462	2,709	2,709
余裕金運用益	0	0	0	0	0	0	0	0	2	3	4	4	3	1	0
支出 計	142	1,923	1,968	1,997	2,069	2,096	2,126	2,156	2,186	2,220	2,306	2,344	2,385	2,374	2,362
人件費	0	567	595	625	658	689	724	760	798	838	880	924	970	1,018	1,018
管理費	0	408	408	408	420	420	420	433	433	433	446	446	446	459	459
賃借料	0	312	312	312	343	343	343	378	378	378	415	415	415	457	457
保険料	0	19	38	38	38	38	38	38	38	38	38	38	38	38	38
公租公課	0	40	40	40	40	40	40	40	40	40	40	40	40	40	40
その他費用	0	158	163	168	173	178	183	189	194	200	206	212	219	225	225
支払利息	142	212	205	200	192	181	171	158	144	132	120	108	95	83	71
減価償却費	0	207	207	207	207	207	207	162	162	162	162	162	162	53	53
税引前損益	-142	-73	-118	-147	-34	-61	-91	82	54	22	160	122	81	336	347
法人税	0	0	0	0	0	0	0	0	0	0	4	61	40	168	174
税引後損益	-142	-73	-118	-147	-34	-61	-91	82	54	22	156	61	40	168	174
累積損益	-142	-215	-333	-480	-514	-574	-665	-582	-529	-507	-351	-290	-250	-82	92
〈資金計画〉															
資金需要 計	4,510	0	0	106	106	106	159	159	159	159	259	259	259	259	259
設備投資	4,510	0	0	0	0	0	0	0	0	0	0	0	0	0	0
設備借入返済	0	0	0	106	106	106	159	159	159	159	159	159	159	159	159
協力金返済	0	0	0	0	0	0	0	0	0	0	100	100	100	100	100
配当金	0	0	0	0	0	0	0	0	0	0	0	0	0	0	0
その他	0	0	0	0	0	0	0	0	0	0	0	0	0	0	0
資金調達 計	4,208	134	89	59	173	146	116	244	216	183	317	223	202	221	227
（償却前）内部留保	-142	134	89	59	173	146	116	244	216	183	317	223	202	221	227
増資	750	0	0	0	0	0	0	0	0	0	0	0	0	0	0
設備借入	2,600	0	0	0	0	0	0	0	0	0	0	0	0	0	0
協力金	1,000	0	0	0	0	0	0	0	0	0	0	0	0	0	0
その他	0	0	0	0	0	0	0	0	0	0	0	0	0	0	0
資金過不足	-302	134	89	-47	67	40	-43	85	56	24	58	-36	-57	-38	-33
〃 累計	-302	-168	-79	-126	-59	-19	-62	23	79	103	161	125	68	29	-3
〈残高〉															
設備借入金	2,600	2,600	2,600	2,494	2,388	2,282	2,123	1,964	1,805	1,645	1,486	1,327	1,168	1,009	849
運転借入金	302	168	79	126	59	19	62	0	0	0	0	0	0	0	3
協力金	1,000	1,000	1,000	1,000	1,000	1,000	1,000	1,000	1,000	1,000	900	800	700	600	500
余裕金	0	0	0	0	0	0	0	23	79	103	161	125	68	29	0

ファイナンスアプローチによる不動産証券化に関する一考察

アペンディックス(2)

償還能力	16 21	17 22	18 23	19 24	20 25	21 26	22 27	23 28	24 29	25 30	26 31	27 32	28 33	29 34	30 35
〈損益予想〉															
収入 計	2,709	2,709	2,709	2,709	2,709	2,710	2,716	2,724	2,732	2,741	2,749	2,758	2,766	2,775	2,784
営業収入	2,709	2,709	2,709	2,709	2,709	2,709	2,709	2,709	2,709	2,709	2,709	2,709	2,709	2,709	2,709
余裕金運用益	0	0	0	0	0	2	8	16	24	32	41	49	58	67	75
支出 計	2,350	2,340	2,329	2,317	2,306	2,295	2,290	2,290	2,290	2,290	2,290	2,290	2,290	2,290	2,290
人件費	1,018	1,018	1,018	1,018	1,018	1,018	1,018	1,018	1,018	1,018	1,018	1,018	1,018	1,018	1,018
管理費	459	459	459	459	459	459	459	459	459	459	459	459	459	459	459
賃借料	457	457	457	457	457	457	457	457	457	457	457	457	457	457	457
保険料	38	38	38	38	38	38	38	38	38	38	38	38	38	38	38
公租公課	40	40	40	40	40	40	40	40	40	40	40	40	40	40	40
その他費用	225	225	225	225	225	225	225	225	225	225	225	225	225	225	225
支払利息	60	49	38	27	15	5	−0	−0	−0	−0	−0	−0	−0	−0	−0
減価償却費	53	53	53	53	53	53	53	53	53	53	53	53	53	53	53
税引前損益	358	369	380	391	403	415	426	434	442	450	459	467	476	485	494
法人税	179	184	190	196	201	208	213	217	221	225	229	234	238	242	247
税引後損益	179	184	190	196	201	208	213	217	221	225	229	234	238	242	247
累積損益	271	456	646	841	1,043	1,250	1,463	1,680	1,901	2,126	2,356	2,589	2,827	3,070	3,316
〈資金計画〉															
資金需要 計	259	259	259	259	259	0	0	0	0	0	0	0	0	0	0
設備投資	0	0	0	0	0	0	0	0	0	0	0	0	0	0	0
設備借入返済	159	159	159	159	159	53	0	0	0	0	0	0	0	0	0
協力金返済	100	100	100	100	100	0	0	0	0	0	0	0	0	0	0
配当金	0	0	0	0	0	0	0	0	0	0	0	0	0	0	0
その他	0	0	0	0	0	0	0	0	0	0	0	0	0	0	0
資金調達 計	232	237	243	248	254	261	266	270	274	278	282	287	291	295	300
内部留保	232	237	243	248	254	261	266	270	274	278	282	287	291	295	300
増資	0	0	0	0	0	0	0	0	0	0	0	0	0	0	0
設備借入	0	0	0	0	0	0	0	0	0	0	0	0	0	0	0
協力金	0	0	0	0	0	0	0	0	0	0	0	0	0	0	0
その他	0	0	0	0	0	0	0	0	0	0	0	0	0	0	0
資金過不足	−27	−22	−16	−11	−5	207	266	270	274	278	282	287	291	295	300
〃 累計	−30	−52	−69	−79	−84	123	389	658	932	1,210	1,483	1,779	2,070	2,365	2,665
〈残高〉															
設備借入金	690	531	372	213	53	−0	−0	−0	−0	−0	−0	−0	−0	−0	−0
運転借入金	30	52	69	79	84	0	0	0	0	0	0	0	0	0	0
協力金	400	300	200	100	0	0	0	0	0	0	0	0	0	0	0
余裕金	0	0	0	0	0	123	389	658	932	1,210	1,493	1,779	2,070	2,365	2,665

第Ⅰ部　不動産の証券化をめぐる論考集

アペンデイックス(3)
　　　　　審査にみるプロジェクトフィージビリテイの手法

1．沿革、経営者、株式分析―設立事情、経営環境変化と対応、経営力、筆頭株主―経営力評価―経営戦略論、財務戦略論
2．事業概観―主要製品、製品差別化、戦略商品、業界動向、シェア、業界保護制度、能力バランス、遊休設備、稼働率―製品力評価―製品戦略論、設備投資戦略論、経営組織論、労務管理論
3．生産、販売分析―原材料手当、数量効果、価格効果、販売網、在庫水準―販売力評価―販売戦略論、物流管理論
4．損益、財政状態分析―段階別損益、勘定科目分析、―収益力、財務体力―財務管理論
5．設備投資計画分析―工事の適格性、公共性、立地条件、規模、生産能力、工事効果―物理的工事遂行能力―設備投資管理論、立地戦略論
6．資金計画分析―借入条件、財務体力への影響、予想バランスシート―資金的工事遂行能力―財務管理論
7．収支予想策定―収益構造の把握、前提条件の的確性、実績との整合性―結論の定量化、償還能力測定―経営計画論、投資選択論
8．担保、保証人分析―担保計算―担保評価、保証債務履行能力評価―財務諸表論
　　　　　（審査項目―サブテーマ―審査目的―経営学分野の順）
　審査のうち、実績分析により、収支予想、前提条件、インプットデータの確定が可能となる。アウトプットの評価については、感度分析、逆算計算、異業種間プロジェクト選択の活用。―単年度黒字転換時期、繰越欠損解消時期、債務償還完了年

アペンデイックス(4)
1. 費用項目、借入金種類の追加(「KIHON.WJ3」で呼び出し「CASE1.WJ3」で保存)
～入力前提条件～　　　　　　　　　　　　　　　（金額単位：百万円）

〈入力項目〉		
	計算年数	30年
	計算開始年度	平成6年度
	営業収入	2年目1,850・14年目迄3年毎10%UP・15年目以降横這い
	支出	
	人件費	2年目567・14年目迄年5%UP・15年目以降横這い
	管理費	2年目408・14年目迄3年毎3%UP・15年目以降横這い
	賃借料	2年目312・14年目迄3年毎10%UP・15年目以降横這い
	修繕費	2年目23・3年目以降年3%UP
	保険料	2年目19・3年目38・4年目以降横這い
	公租公課	2年目40・3年目以降横這い
	その他費用	2年目158・14年目迄年3%UP・15年目以降横這い
	対前年伸率（％）	──
	設備投資	1年目4,510
	増資	1年目750
	協力金	1年目1,000
	協力金返済	10年間据置・11年目以降10年分割返済
	その他資金需要	──
	その他資金調達	──
	運転借入金利率	6%
	余裕金運用利率	3%
	法人税率	50%
	配当率	──
〈借入金入力〉		
	借入金1	1年目1,000・3年間据置・17年分割返済・7.3%・期初借入
	借入金2	1年目800・3年間据置・17年分割返済・7.5%・期初借入
	借入金3	1年目800・5年間据置・15年分割返済・8.1%・期末借入
	借入金4	1年目200・5年間据置・16年分割返済・8.3%・期末借入
	借入金5	1年目200・4年間据置・16年分割返済・6.9%・期末借入
	借入金6	1年目200・3年間据置・16年分割返済・6.3%・期末借入
〈減価償却費算出〉		
	設備1（定額法）	取得価額2,350・耐用年数40年・残存率10%・2年目償却開始
	設備2（定額法）	取得価額1,450・耐用年数12年・残存率10%・2年目償却開始
	設備3（定額法）	取得価額300・耐用年数6年・残存率10%・2年目償却開始

アペンデイックス(5)

「ポートフォリオの分散」を σ_P^2 とし、「ポートフォリオの収益率」を γ_P、「ポートフォリオの期待収益率」を μ_P（$=E[\gamma_P]$）とすると、分散は期待値からの距離の2乗の期待値であるから、

$$\sigma_P^2 = E[(\gamma_P - \mu_P)^2]$$

さらに、$\gamma_P = W_A \cdot \gamma_A + W_B \cdot \gamma_B$

但し、γ_A、γ_B は証券A、証券Bの収益率、W_A、W_B は証券A、証券Bの投資比率で、$W_A + W_B = 1$。

$\mu_P = E(\gamma_P)$

$$\begin{aligned}
E[\gamma_P] &= E[W_A \cdot \gamma_A + W_B \cdot \gamma_B] \\
&= E[W_A \cdot \gamma_A] + E[W_B \cdot \gamma_B] \\
&= W_A E[\gamma_A] + W_B E[\gamma_B]
\end{aligned}$$

を代入すると、

$$\begin{aligned}
\sigma_P^2 &= E[\{W_A \cdot \gamma_A + W_B \cdot \gamma_B - W_A E[\gamma_A] - W_B E[\gamma_B]\}^2] \\
&= E[\{W_A(\gamma_A - E[\gamma_A]) + W_B(\gamma_B - E[\gamma_B])\}^2] \\
&= E[W_A^2(\gamma_A - E[\gamma_A])^2 + W_B^2(\gamma_B - E[\gamma_B])^2 \\
&\quad + 2W_A \cdot W_B(\gamma_A - E[\gamma_A]) \times (\gamma_B - E[\gamma_B])] \\
&= W_A^2 E[(\gamma_A - E[\gamma_A])^2] + W_B^2 E[\gamma_B - E[\gamma_B]^2] \\
&\quad + 2W_A \cdot W_B E[(\gamma_A - E[\gamma_A]) \times (\gamma_B - E[\gamma_B])] \\
&= W_A^2 \sigma_A^2 + W_B^2 \sigma_B^2 + 2W_A W_B \sigma_{A.B}
\end{aligned}$$

$\sigma_{A.B} = cov(A, B)$ 共分散、且つ、$\rho_{A.B} = \dfrac{cov(A.B)}{\sigma_A \sigma_B}$（$\rho_{A.B}$ は相関係数）

$cov(A, B) = \dfrac{cov(A, B)}{\sigma_A \sigma_B} \sigma_A \sigma_B = \rho_{A.B} \cdot \sigma_A \sigma_B$

を代入すると、

$$= W_A^2 \sigma_A^2 + W_B^2 \sigma_B^2 + 2W_A W_B \rho_{A.B} \sigma_A \sigma_B$$

ここにおいて、

$$-1 \leq \rho_{A.B} \leq 1$$

であるから、

$\rho_{A.B} = -1$ とすると、σ_P^2 は最小となる。

すなわち、相関係数 ρ が小さいほど、σ_P^2 は小さくなり、リスクが低減し、収益が安定化することになる。

第Ⅱ部

研究会報告書

「不動産の証券化に関する研究会」
報告書の概要

1．経緯

　このところ「不動産の証券化」については，多くの事例が新聞等で報道されるなど注目が集まっており，これに関して報告書もいくつか出されている。

　国土庁にとって「不動産の証券化」には，不動産のプロジェクト自体に着目して，直接市場から資金を調達する途を開くことを通じ，土地の有効利用の実現による良質なストックの形成に資する，といったところに意義がある。そこで，このテーマについて，幅広い見地からの検討が行われることの必要性に鑑み，平成11年12月8日に，事務次官主催の研究会として「不動産の証券化に関する研究会」が設けられた。

　本研究会においては，平成11年12月から平成12年3月にかけて10回に渉り，証券化に係る検討事項について，必要に応じて専門家の意見を聴取するなどして，その議論を重ね，平成12年4月に報告書作成のための会合を開いて，これまでの議論に関する取りまとめを行い，4月28日に報告書を公表した。以下，この「不動産の証券化に関する研究会」報告書の概要について紹介する。

2．報告書の概要

　本報告書は，単に不動産の証券化スキームといった技術的な点にとどまらず，投資家サイドを含めた資金の流れをも併せて検討し，広く我が国の民間貯蓄（平成11年3月現在で1,316兆円）をいかに有効に活用していくかという，我が国マクロ経済運営に関する議論を行っている。併せて，従来，それぞれバラバラに取り扱われるきらいのあった不動産の証券化に関する各種の項目（不動

産の有効利用と不動産の証券化，不動産及び関連資産の税制，年金の運用，個人貯蓄の活用等）を包括的に取り扱い，不動産の証券化についての演繹的な分析を行ったものである。全体は九章からなっている。

まず，第一章では，「不動産の証券化」を政策として考える場合には，これが不動産及び金融資産の最適配分に関わる問題であることに留意して，不動産及び金融といった二つの側面から取り組む必要があるとしている。不動産の証券化は，新たな資金を不動産の有効利用に導くもののみならず，土地に代表される不動産の最適配分を目指すべきものであると位置づけるとともに，今後どういった性格の資金が不動産証券化商品に向かうであろうかといった金融資産の最適配分の観点から考察している。

これを受け第二章では，投資家（貯蓄者）から見た不動産証券化へのニーズが分析されている。不動産の証券化は投資家にとって新たな種類の金融資産を提供し，全体としてより好ましいポートフォリオの組成を可能にするものとして，その進展自体が投資家にとって好ましいものである。個人の投資家についても，現時点においても不動産証券化商品については，ある程度のニーズが存在するように見られ，今後，利回り意識の向上等が続けば預金等から不動産証券化商品へのある程度のシフトが考えられる。また，年金基金，保険会社といったいわゆる機関投資家については，不動産証券化商品への潜在的需要が大きいと考えられる。特に，年金基金において不動産及びその関連商品へその資金がほとんど動いていない実情を踏まえると，機関投資家が運用資産の利回りの極大化を目指すために，不動産証券化商品への投資を考慮していくのではないかと考察し，機関投資家の今後の資産選好の動向が，不動産の証券化の進展に大きな影響を与えるものと分析している。

続く第三章においては，「証券化事業者」として，従来その機能が区分して論じられてこなかった現資産の提供者と証券化商品の組成者それぞれについての不動産の証券化のニーズを分析している。現資産の提供者については，証券化によって財務内容の確定ができ，それによる新たな資金調達の結果，負債の圧縮を図り得ること，低格付の企業については証券化を通じ当該不動産の収益

性だけに着目した低コストの資金調達が可能になること等のメリットがあり，現在の経済情勢下での不動産証券化商品の供給余力の高さを指摘している。また，住宅ローン債権を保有している金融機関についても，資産のオフバランス化による自己資本比率の上昇，ＲＯＡ及びＲＯＥの改善等が図られるとしている。

　第四章以降では，具体的な環境整備の方向性について分析している。

　まず第四章において，流通市場の整備及び活性化に係る議論が展開されている。つまり，不動産証券化商品については，不動産が証券に化体しているのみでは不十分で，その商品が転々流通すべき市場を持ち，いつでも換金可能であるという流動性を持つことが極めて大切であるとしている。そして，そのための考察をデット型証券，エクイティ型証券の各市場ごとに区分して行い，そうした機能がより有効に働くために，既存の債券（社債，ＣＰ，国債）の流通市場の整備及び活性化や一般投資家をより意識した販売方法についての十分な配慮が望ましいと指摘している。

　第五章・第六章では，情報公開の重要性や不動産鑑定評価のあり方について分析を行っている。

　具体には，第五章で欧米諸国における最近の情報開示の進展に触れつつ，我が国におけるインフラとしての土地情報の充実の必要性から，不動産情報について一層公開すべきだとしている。不動産の証券化との関連で，不動産インデックスの整備や公開が，不動産証券化商品への投資の可能性をより高めるとのべている。また，商品提供者の商品の提供に際し，一般の投資家の十分な理解が得られる努力が必要であり，そのために，格付機関の不動産証券化商品に係る格付がさらに重要になることも合わせて指摘している。第六章では，不動産の証券化に際して適切な不動産鑑定評価が不可欠であり，それがまた基本的なインフラであるとの認識から，不動産鑑定評価手法の充実（地域別・用途別等ごとのキャップレートの設定の精緻化など）や不動産鑑定士の資質の向上といったことが指摘されている。

　第七章の税制についての議論では，不動産関連税制はそれぞれ精緻な税理論

に基づく考え方の上に成り立っており，短期間で具体的な結論や方向性を示すことは困難であるとしている。しかしながら，税制が各種の経済活動に現実に与える影響のインパクトについての十分な認識，特に僅少の金利差を求めて資金が移動する現代では，金融に関わる税制が資金の流れに与える影響について従来以上に深く考慮されるべきことなどが説かれている。

第八章では，不動産の証券化の進展に伴う今後の展望が分析されている。そこでは，住宅ローン債権をはじめとする不動産担保ローン債権の証券化による金融機関の財務内容の改善や資金調達手法の多様化の検討や，不動産の証券化の進展に伴う投資情報提供サービスやプロパティマネージメント，不動産投資顧問会社といった様々な新しい事業や既存事業の拡大，さらには，不動産の証券化が，キャッシュフローを生むなどの一定の条件を満たした土地・建物の「最適利用」への選別化の手段となる，不動産の証券化とPFIとは関連するところが多く，不動産の証券化の進展がPFIの進展にもつながる，といったことが指摘されている。

そして，最後の第九章において，これまでの分析を総括するとともに，これを踏まえた以下の政策提言を行っている。

① 不動産に関する各種の情報について，可能な限り開示及び公開を促進し，また，不動産インデックスの整備に官民ともに取り組むこと。（これは投資家の保護に役立つのみならず，我が国全体の効率的経済の実現にも資する。）

② 証券市場，さらには金融市場の一層の改善に努め，特に，社債及びCPの流動性の改善に努めるとともに，証券市場の中核である国債の発行・流通市場のさらなる整備に向けた方策の推進に努めること。（これが不動産証券化商品の円滑な流通・消化にも資する。）

③ 個々の不動産の有する収益力などを的確に価格に反映できるよう，不動産鑑定評価手法の充実及び不動産鑑定士の資質の向上を図ること。

また，これと合わせて，投資家・商品提供者双方に，この不動産の証券化という新しい事業に対し，さらに積極的に取り組む進取の気性が期待される旨も述べられている。

「不動産の証券化に関する研究会」
報　告　書

平成12年4月

「不動産の証券化に関する研究会」報告書　目次

はじめに………………………………………………………………………	97
第1章　不動産及び金融から見た「不動産の証券化」………………………	99
第2章　投資家（貯蓄者）から見た不動産証券化へのニーズ…………	105
第3章　証券化事業者から見た不動産の証券化のニーズ………………	109
第4章　流通市場の整備及び活性化………………………………………	112
第5章　情報公開の重要性…………………………………………………	115
第6章　不動産鑑定評価のあり方…………………………………………	119
第7章　税制について………………………………………………………	121
第8章　今後の展望…………………………………………………………	123
第9章　まとめ………………………………………………………………	127

「不動産の証券化に関する研究会」資料

資料　1　（不動産の証券化についての事務次官の諮問文）…………	130
2　「不動産の証券化に関する研究会」委員名簿	
（平成11年12月8日現在）…………………………………	132
3　「不動産の証券化に関する研究会」開催状況………………	133
4　民間の金融資産の構成について………………………………	135
5　欧米における個人金融資産の構成について…………………	139
6　平成10年末時点での個人部門・資産構成	
（金融資産及び土地）………………………………………	141
7　世帯主の年齢階級別1世帯当たり資産額（総世帯）………	142
8　年金資金の資産構成について………………………………	144

第Ⅱ部　研究会報告書

9　年金基金の運用資産の構成等について…………………… 148
10　審査にみるプロジェクトフィージビリティの手法………… 151
11　資産担保証券（ＡＢＳ）市場の日米比較…………………… 152
12　債券市場の日米比較残高……………………………………… 153
13　日米の国債の保有状況………………………………………… 154
14　我が国国債市場の特徴（Ｇ７諸国との比較）……………… 155
15　諸外国における公的機関等による取引価格の開示・提供
　　の状況…………………………………………………………… 159
16　不動産インデックスについて………………………………… 161
17　不動産関連税制の概要（平成12年度）……………………… 163
18　不動産証券化・小口化商品に関連する不動産等税制
　　（平成12年度）………………………………………………… 165
19　流通課税等に関する国際比較………………………………… 168
20　最近の不動産の証券化・小口化に関する動向について…… 170
21　不動産証券化・小口化商品一覧……………………………… 172
22　海外の不動産証券化商品一覧………………………………… 174
23　日本における証券化の歴史…………………………………… 175

「不動産の証券化に関する研究会」 報告書

はじめに

　本研究会は，資料1にある国土庁事務次官の諮問に応えるため，1999年12月から2000年3月まで，計10回会合し，「不動産の証券化」に関し，集中的に議論をするとともに，さらに取りまとめの会合を開いた。また，意見の交換はこのような会合のみならず，E-mail等を通じても行った。この間，年金，税制などの専門家の方々にも適宜出席してもらい，各々の専門分野に関する説明を受けた。

　最近，「不動産の証券化」については，多くの場で検討が行われ，いくつかの報告書が出されている。それらの中でこの報告書の特色は，概ね次のとおりである。第一に，本研究会では単に不動産の証券化スキームといった技術的な点にとどまらず，投資家サイドを含めた資金の流れについて，すなわち金融技術面をも併せて検討してきたこと，第二に，第一の特色とも関連し，広く我が国の民間貯蓄をいかに有効に活用していくかという，我が国マクロ経済運営に関する議論も行ったこと（報告書のこうした考え方は今後のPFI[注1]のあり方にもヒントを与えるものであると考える），第三に，従来，それぞれバラバラに取り扱われるきらいのあった不動産の証券化に関する各種の項目（不動産の有効利用と不動産の証券化，不動産及び関連資産の税制，年金の運用，個人貯蓄の活用等）を包括的に取り扱ったこと，第四は，それぞれの項目の傾向の分析や要望の積み上げにとどまらず，演繹的な分析にも留意したこと，などである。

　実際，短期間に，この極めて幅広いテーマについての報告書を出すことは，容易ではなかった。また，個々の項目について，すべてのメンバーの意見が必ずしも一致したわけではない。ここでは，研究会としての一応の見方を示したものである。

　なお，それぞれの項目について，構成メンバーの専門領域，与えられた時間などの制約から，必ずしも一元的な結論を出すことはできなかった部分や，具

第Ⅱ部 研究会報告書

体的な提案に至らなかったところも多い。しかしながら，本報告書が上記の如く包括的な議論の取りまとめであるという点が広く理解され，不動産の証券化の推進の一助となることを期待している。

（注1） Private Finance Initiative の略。公的主体によって行われてきた公共施設等の整備を、適切な官民役割分担の下に、民間の資金・能力・ノウハウを活用することにより、効果的かつ効率的に行おうとする手法。

「不動産の証券化に関する研究会」報告書

第1章 不動産及び金融から見た「不動産の証券化」

○ 不動産の証券化の議論はこのところ急速に進みつつあるが，多くの場合，その議論は，商品化のためのスキームのあり方が中心となっている。しかしながら，この問題は，単に不動産への新たな資金の投入を促進させる手段にとどまらず，不動産の最適配分（有効利用），金融資産の最適配分（我が国に1316兆円〈1999年3月末現在〉も存在する家計貯蓄の有効活用）にも関わる問題であることに留意すべきであると考える。したがって，「不動産の証券化」を政策として考える場合には，不動産及び金融といった二つの側面からこれに取り組む必要があると思われる。

【個人の金融資産の内訳】

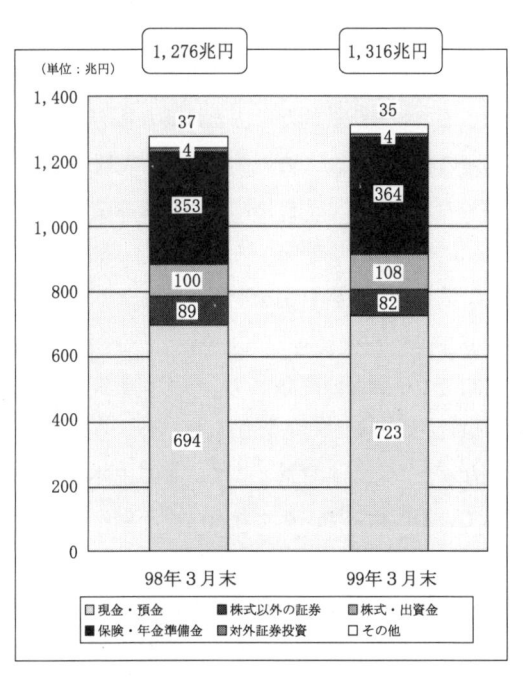

	98年3月末	99年3月末
合計	1,276兆円	1,316兆円
現金・預金	694	723
株式以外の証券	89	82
株式・出資金	100	108
保険・年金準備金	353	364
対外証券投資	4	4
その他	37	35

※個人の金融資産の構成上の特徴として，99年3月末時点で現金・預金が723兆円（55

%），保険・年金準備金が364兆円（28％）と，安全資産がその8割を占めていることが挙げられる。

出典　日本銀行「資金循環勘定」（99年9月21日公表分）

　なお，「不動産の証券化」という言葉は，不動産及びその関連資産をベースとして作成された証券という形をとる資産を指すものとして幅広く使われている。ここでは，いわゆるSPC(注2)利用型，不動産特定共同事業(注3)の商品による不動産の小口化商品，各種のABS（資産担保証券）(注4)，アメリカに存在するREIT(注5)といった，不動産ないしその関連資産をベースにした金融資産まで幅広く捉えることとした。

（土地と不動産の証券化）

○　不動産の証券化は，不動産の活用という側面から見ると，従来の不動産投資に多く見られた，投資（取得・開発）と運営管理の機能を同一主体で処理し，なおかつ，その事業主体が金融機関による間接金融で資金調達のうえ事業リスクを負担するという伝統的な手法とは異なる方式として捉えられる。すなわち，不動産の証券化は，この一体化していた投資と運営管理の機能を分離させ，不動産のプロジェクト自体に着目して直接市場から資金を集める途を開くとともに，投資に伴う事業リスクを広く分散させる一方で，最終投資家にとっては，保有する金融資産を一層活用させるものとして捉えることができる。

○　このような形式での不動産の証券化は，バブル崩壊後の経済社会の構造的な変化の中で，伝統的な商業銀行を経由したいわゆる間接金融が必ずしも十全に機能しなくなったことをも背景として，事業主体のリスク負担力や資金調達力が低下している現状下で，新たな資金を不動産の有効活用に導くものと期待されている。

　しかしながら，不動産の証券化の最終的な目標は，何らかの形で不動産が利用されればそれでよしとするようなものにとどまるものではなかろう。それは，土地に代表される不動産の最適配分を目指すべきものであろう。その

意味では，それを実現するための手段としての商品としての位置付け（それは多くの場合，投資利回りという形で示されることになろう），不動産市場及びそれを化体した証券市場双方の透明化，活性化をも含むものとして，併せて検討すべきものではないかと思われる。

（金融資産と不動産の証券化）

○ 不動産の証券化の問題をより包括的に捉えようとすると，資金供給面，ひいては，金融資産の最適配分という観点からも考える必要がある。約1,300兆円という有数の個人の貯蓄をいかに活用するかというマクロ経済政策の観点から見ることも大切であろうし，資産の運用に際し，運用資産全体として，そのポートフォリオの的確な組成を通じて最小のリスクで最大のリターンを期待する投資家，特に機関投資家に新たな投資対象を提供するという観点も重要であろう。

欧米諸国では，最終投資家が保有する金融資産の中に占める証券の比率は伝統的に我が国よりは高く，このところ，そのシェアはさらに高まりつつあるように見受けられる。

【我が国と欧米諸国の家計等に占める金融資産の比率の比較】

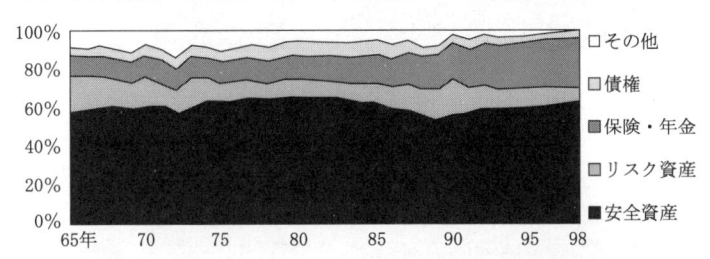

(注) 家計＋対家計民間非営利団体＋個人企業。なお，99年に行われた統計の見直しにより，対家計民間非営利団体は独立部門となったが，データの長期遡及が現状不可能であるため，ここでは同部門を含む旧ベースの個人部門の計数を使用している。

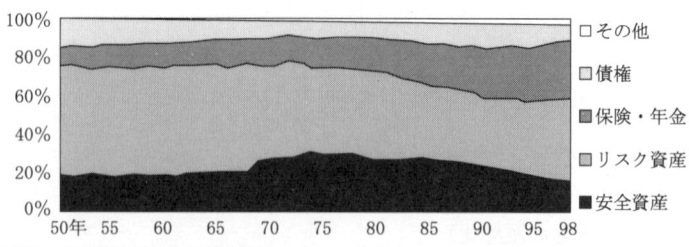

第Ⅱ部　研究会報告書

(注)　家計＋対家計民間非営利団体

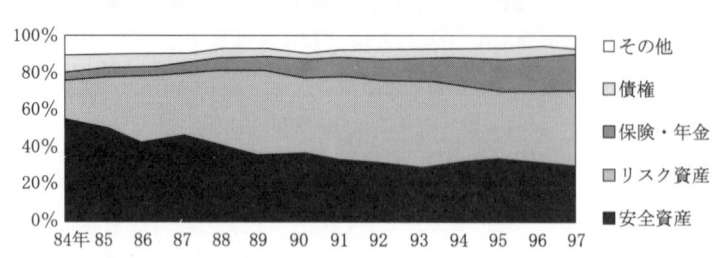

(注)　家計＋対家計民間非営利団体＋個人企業

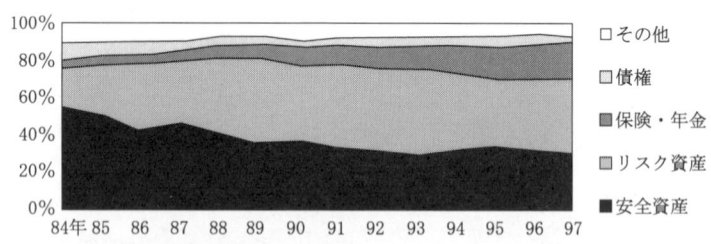

(注)　家計＋対家計民間非営利団体＋個人企業

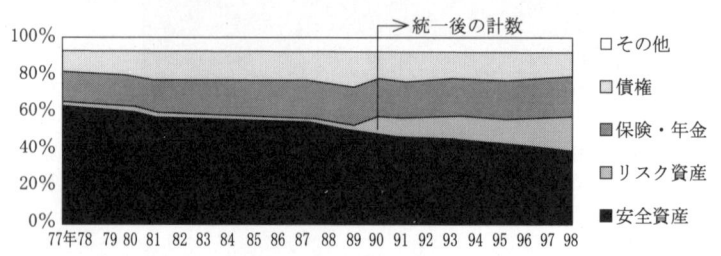

(注)　家計＋対家計民間非営利団体。89年以前は旧西ドイツ，90年以降は統一ドイツのデータ。

出典：「日本の家計の金融資産選択行動」日本銀行調査統計局（1999年11月）

「不動産の証券化に関する研究会」報告書

○　欧米のこのような傾向は，金利や金融についての自由化の進展，金融技術の向上等を背景として，証券形態の資産が相対的に魅力的になりつつあること，投資家の利回り最大化に対するより強いニーズ（それは必ずしもハイリスクかつハイリターンな商品志向を意味するものではなく，むしろ，多様な資産のより複雑な組み合わせにより，運用資産全体のパフォーマンスの向上を求めるものである）や，銀行のバランスシート[注6]の縮小化志向などによるものであろう（その意味で，ここでいう証券化商品は，利回りやリスクについて同一の特性を有するものである必要がないことはいうまでもない）。これらの条件の多くは，程度の差はあっても我が国においても当てはまるものであり，我が国においても運用資産に占める預金の比率の低下，証券その他の預金以外の資産の比率の上昇が予想されるところである。

○　こうした状況の変化の流れの中にあって，「不動産の証券化」は，最終投資家に，新たな投資対象を提供することにより，より好ましい投資ポートフォリオ[注7]の組成を可能にすることになる。そのことは，国内的にみて新たな投資先としての魅力的な投資対象を提供することにより，海外への資金の流れを引き止めることをも意味し，国内において貯蓄を有効に活用するという好ましい結果をもたらすことにもなろう。

（検討対象とすべき「証券化商品」）

○　以上のような観点から，ここにいう「不動産の証券化商品」の対象には，通常取り上げられる不動産を有価証券あるいは類似の資産に転換させる機能をもつSPC利用型や不動産特定共同事業の商品，不動産投資信託[注8]に限らず，不動産関連の資産（例えば，住宅ローン債権をベースに組成されたABS）なども含めて考えるべきであると判断した。したがって，広く，例えば公的，民間金融機関の住宅ローン債権の証券化なども視野に入れて検討することとした。

（注2）　Special Purpose Company の略。資産保有者から資産を譲り受け，それを担

保にした証券の発行を行う等の特別な目的のために設立される会社のこと。1998年9月施行のいわゆるSPC法に基づき設立されるSPCを「特定目的会社」, SPC法によらず設立されたSPCを「特別目的会社」と呼ぶことが多い。

(注3) 1995年4月に施行された「不動産特定共同事業法」に基づき行われる, 複数の投資家から出資を募り, 不動産に共同出資のうえ運営管理し, 当該不動産からあがる収益を投資家に分配する事業のこと。

(注4) Asset Backed Securities の略。保有する資産を他の資産と区別し, その資産を裏付けにして発行される有価証券のこと。

(注5) Real Estate Investment Trust の略。アメリカにおいて不動産投資を行う会社のうち, 内国歳入法の所定の要件を満たすことによって, 法人税が課されなくなる会社を指し, 日本では「不動産投資信託」と訳される。

(注6) Balance Sheet。貸借対照表のこと。

(注7) Portfolio。経済主体によって保有される各種の金融資産の集合をいう。

(注8) 投資信託が有価証券の発行などにより一般の投資家から資金を集め, これを実物不動産や不動産証券化商品に運用投資し, その収益を分配することで, 投資家にとっては間接的な不動産投資を可能にするスキームをいう。

第2章　投資家（貯蓄者）から見た不動産証券化へのニーズ

○ 不動産の証券化は，それが投資家にとって新たな種類の金融資産を提供し，全体としてより好ましいポートフォリオの組成を可能にするものとして，その進展自体が投資家にとって好ましいものと思われる。

○ また，今後予想される低成長，少子・高齢化社会において，投資家はその保有する資産の利回りやリスク分散により敏感になると考えられ，証券化への需要は強まるものと思われる。併せて資金仲介機能における銀行の伝統的な役割の相対的な低下（それは銀行貸し出しを核とする間接金融の役割の低下の原因でもあり，結果でもある）という世界的な流れの中で，我が国の投資家の証券への投資は，一層拡大することになるものと思われる。

○ 言い換えると，不動産の証券化は，一方では，より効率的な投資の機会を与えることになるとともに，他方では，金融資産構造の変化の中で，今後に予想されるある程度の預金のシェアの減少と証券のシェアの拡大という自然の流れに沿ったものになると思われる。

○ それでは，一体どのような種類の資金やどのような投資家の資金が不動産の証券化商品に向かうのか，また，それはどの程度のものであろうかが，一つの検討課題である。

（家計にとっての不動産の証券化）

○ 現在の一定の不動産証券化商品が，その取引単位が高額であり，かつ，その流動性が低いにも関わらず，個人への売却が進んでいることに見られるように，現時点においても，不動産証券化へのニーズはある程度存在するのではないかとも見られる。今後，種々の理由により個人が利回り等に敏感になっていくであろうことなどを考慮すれば，家計について，預貯金から不動産証券化商品へのある程度のシフトが考えられるのではないかと思われる。

○ また，我が国の場合，すでに個人資産中に占める土地・建物のシェアが高いので，家計の不動産証券化商品の購入は進まないのではないかとの見方がある。しかしながら，この「土地・建物」の大部分は，自己の居住用土地・建物であり，いわゆる運用資産としての保有ではないという事実に鑑みれば，一概にそうはいえないように思われる。

【個人資産中に占める土地・建物のシェアについては，資料6・7を参照。なお，資料7より個人の住宅・宅地資産に占める自己の居住用土地・建物のシェアは78.7%である（平成6年現在）。】

(機関投資家にとっての不動産の証券化)

○ 不動産証券化への潜在的需要は，家計（個人）よりは，年金基金，生命保険会社といったいわゆる機関投資家において，より大きいものと思われる。これは，①機関投資家は，長期的観点に立って資産の運用をすべき立場にあること，②また，その専門性に鑑み，それぞれがその最適なポートフォリオの組成を求めて努力しなければならないこと，③また，例えその運用資産中に占める証券にされた不動産に対する投資のシェアが低くとも，その運用すべき資金全体が高額であるために，不動産証券化商品への投資金額は相当のものにのぼるであろうこと，④さらに，年金受給者等の委託者からの利回り上昇等への願望が強く，個人の場合よりはより好ましいポートフォリオ組成への圧力が強いであろうこと等によるものである。

○ ところが我が国では，現実には機関投資家による不動産あるいは証券化された不動産への投資の割合は著しく低く，年金基金に至ってはほとんど保有されていない。

【年金基金の運用資産に占める不動産関連の割合の海外比較】

厚生年金基金連合会の資産構成の現状

平成11年3月末時価ベース

「不動産の証券化に関する研究会」報告書

	債券	株式	転換社債	外債	外株	生保一般	不動産	短期資産	合計
構成比	35.90%	30.46%	4.13%	6.81%	18.57%	1.17%	0.48%	2.49%	100.00%
基本ポートフォリオ	38.00%	30.00%	5.00%	6.00%	16.00%	4.00%	1.00%	0.00%	100.00%
委託機関数	18	18	9	13	13	6			＊42

＊運用機関によっては,複数の資産を運用している会社もある。
注)この他に生保特別等があり(資産相対比率1.24%),5運用機関に委託している。

出典:厚生年金基金連合会ホームページ

海外年金基金の運用

政策アセット・ミックス

基金名	国内株式	外国株式	国内債券	外国債券	不動産	オルタナティブ	短期資産
CPPIB	80	20	0	0	0	0	0
オンタリオ州	30	35	23		10		2
NY市職員	55	13	30	0	0	2	0
NY州・地方職員	43	12.5	34	0	3.5	5	2
NY州教職員	55	10	20	3	5	1	0
フロリダ州	61	8	26		4	0	1
CalPERS	41	20	24	4	6	4	1
CalSTRS	38	25	26		0	10	1
GTE IMC	45	25	20	5	0	0	5

＊GTE IMCの値は実測値
＊CPPIB:Canada Pension Plan Investment Board
　CalPERS:カリフォルニア州公務員退職年金基金
　CalSTRS:カリフォルニア州教職員退職年金基金

出典:年金資金運用研究センター出張報告

○　これは,バブル崩壊後の不動産価格の急落が,その投資をためらわせている面も強いものと思われるが,なお,過去において運用規制に縛られて,不動産に対する投資が行われていなかったことの後遺症という側面もあるように思われる。しかしながら,年金基金等の機関投資家が運用資産の利回りの極大化を目指すということであれば,不動産あるいは不動産関連証券が,あ

る程度そのポートフォリオに組み込まれていくことは不思議ではないし，発行市場，流通市場が整備されるなどその条件が整えば，その比重は時とともに上昇していってもおかしくはなかろう。特に，極めて多額の資金を運用する機関投資家についてはそうであろう。

○ 年金基金がどの程度不動産関連商品を組み込むかは，当該基金の成熟度にも左右されるものであるといわれている（成熟度の低いもの，すなわち，現状では支払いが相対的に低いものについては，その多くを流動性の高い資産で運用する必然性がないものであることから，成熟度の高いものよりは高い比率で組み込まれよう）。いずれにしても，企業年金については，その運用資産についてのいわゆる「5・3・3・2ルール」[注9]が撤廃され（そのルールの下では不動産の投資は全体の2割以下と定められていた），利回り極大化への一つの障壁が取り除かれたことでもあり，今後，年金基金の運用に当たって不動産証券化商品への投資が考慮されていくのではないかと思われる。

○ なお，これら機関投資家の間では，いわゆる不動産関連商品のうちでも，デット型商品[注10]に比べて，エクイティ型商品[注10]への投資には慎重であるといわれている。

○ いずれにしても，機関投資家の運用資産が著しく巨大であり，かつ，将来もそれが増加しつつづけることを前提とすれば，機関投資家の今後の資産選好の動向は，不動産の証券化の進展に大きな影響を与えるものと考えられる。

(注9) 年金資産の安全性を保つために設けられた運用規制。資産運用先の比率を規制するもので，具体には，元本保証資産が5割以上，国内株式は3割以下，外貨建資産は3割以下，不動産は2割以下とされていたもの。企業年金については，1997年12月までに規制が撤廃されているが，公的年金については存続している。

(注10) デット（Debt）型商品とは，負債・債務部分に相当する商品（CP，社債，ローン債権担保証券）を指し，エクイティ（Equity）型商品は不動産投資における自己資本による持分，出資証券，組合出資に相当する商品，または所有権・共有持分取得に係る商品を指す。

第3章　証券化事業者から見た不動産の証券化のニーズ

○　不動産の証券化に参画するものとしては，前章で取り上げた投資家のほか，証券に化体された商品の提供者がいる。後者は，概念的に見れば，当該証券を作るベースとなる原資産の出し手（不動産の保有者や住宅ローン債権の保有者）と当該商品の作成者とからなっている。我が国ではこの二者は区分されずに議論されることが多いが，議論を明確にするためには，この両者の機能を区分して論じることがわかりやすいし，かつ，望ましいであろう。

（原資産の提供者）

○　不動産を所有する者にとって，不動産の証券化のプロセスは，それによる当該不動産の切り離しにより財務内容の確定を図ることができること（これは，特に不動産価格が下落している状況では大きなメリットとなる。また，時価会計の導入の議論は，この要請を強めることにもなろう。），当該資金により負債の圧縮を図ることにより財務体質の健全化が期待されること，企業の格付けが高くない所有者の場合には，当該不動産の収益性だけに着目した低コストの資金調達が図り得ること，いずれにしろ資金調達手段の多様化を図り得ること等といったメリットがある。このようなメリットは，当然のことながら，資金調達に若干なりとも困難が生じている企業にとっては，特に好ましい手段として評価されるであろう。

　　不動産証券化へのニーズが上記のようなものである以上，かりに不動産そのものの市況が好転しても，資産提供者または潜在的提供者からの不動産証券化のニーズは，引き続き強いものと思われる。

○　また，現に住宅ローン債権を保有している金融機関については，これを証券化することにより，いわゆる資産のオフバランス[注11]化が進められ，これによる自己資本比率の上昇（BIS比率[注12]の改善），ROA及びROE[注13]の改

善等が図られることになる。資金調達手段の多様化という点については，公的金融機関についてもまた同様のメリットがあろう。

（不動産証券の組成者）

○　先に述べたとおり，我が国の不動産証券化の議論の特色は，原資産の提供者とその証券化商品の組成者とが区分されずに議論されることが多いことであり，そうでなくとも，証券の組成の過程において，原資産の提供者の意向や考え方が強く反映されていることであろう。逆にいえば，そういうこともあってか，我が国における不動産証券化の現状は，近年において急速に進展した，各種の金融技術ともいうべきものが十分には活用されていないのではないか，という疑問が生じる。

　　今後，投資家による要望の強まり，不動産証券化についての潜在的需要の高まりに伴い，金融資産組成者の役割が増大することが予想される。

（環境整備の必要性）

○　今後，不動産の証券化に対する潜在的な需要が顕在化するためには，原資産の提供者，証券の組成者の双方に関連して，様々な環境の整備が行われる必要がある。

　　原資産提供者がより多く証券化に貢献し得るようにするためには，まず，何よりも上記に述べた不動産の証券化のメリットが十分に理解されることが肝要である。

○　また，不動産の証券化が単に不動産を動かすための新たな手段のために求められているわけではなく，広く，我が国経済において資源の最適配分を可能にする手段であるとすれば，不動産を化体した証券を組成する事業への参入の途が事実上広く開かれることが大切である。その観点からすれば，不動産の賃料や取引価格などの必要な情報が，より広く一般に公開されていること，不動産インデックスがより良く整備されていることが望ましいように思われる。

「不動産の証券化に関する研究会」　報告書

○　さらに，不動産は定型化された金融商品と異なり，個々の不動産ごとに，自然的，経済的，社会的条件が異なることから，個々の不動産取引が適正に行われるよう，不動産鑑定士等の専門家による経済的・法的・物理的な物件精査業務（デュー・デリジェンス；Due Diligence）が取引の過程において徹底されることが必要であろう。

○　加えて，不動産の証券化の決め手として，キャッシュフロー[注14]が前提となるので，いわゆるデュー・デリジェンスの一環として，例えば，プロジェクトファイナンス[注15]を前提とした場合に，各種の審査項目のチェックとそのキャッシュフローや内部留保[注16]の計算とについて精緻を究める必要がある。そのためにも，これら審査項目に関しての日常的で，継続的な情報開示が必要となろう。

○　このような状況において，収益性を重視した不動産の鑑定が適切に行われるよう，不動産の鑑定評価手法の精緻化や不動産鑑定士の資質の向上が進められる必要があろう。

（注11）　Off Balance Sheet。保有する資産を譲渡することによって，貸借対照表から落とすことをいう。

（注12）　国際決済銀行（BIS）が定めた自己資本比率に関する規制で，国際業務に携わる民間金融機関については8％以上を維持することとされている。

（注13）　財務指標の一種。ROA（Return On Total Assets）は総資本利益率（事業利益を総資本（自己資本＋他人資本）で除したもの）を，ROE（Return On Equity）は自己資本利益率（税引き後利益を自己（株主）資本で除したもの）を指す。

（注14）　Cash Flow。通常は，企業の税引き後利益に減価償却費を加算したものから配当金・役員賞与を差し引いた後に残るお金を指すが，この場合は，実質的総収入から営業経費を差し引いた後に残るお金を指す。

（注15）　Project Finance。返済財源を特定のプロジェクトから生み出されるキャッシュフローに限定して行う融資のこと。

（注16）　企業が内部に留保する資金（決算期末に積み増した分と利益処分に当たって社外流出分を差し引いた分との合計額）。

第Ⅱ部 研究会報告書

第4章 流通市場の整備及び活性化

○ 不動産の証券化を研究する本研究会において，我が国の望ましい証券市場のあり方を検討することは，その直接の任務ではない。しかしながら，議論の過程において，ここにいう「証券」が単に不動産を「動かす」ための手段ではなく，新たな証券という金融資産を提供することにあるとすれば，不動産を化体した証券は，流動性を保持すべきであり，そのためには現在の我が国の証券市場そのものが流動性が高く，かつ，マーケットとして相応の深さと広さとを持ったものであることが望ましいものと考えられる。

○ いいかえれば，不動産の証券化商品が幅広く投資家に受け入れられるためには，いつでも当該商品が高い流動性を有すること，つまり，常に合理的な価格における現金化が可能であることが重要であるということである。例えば，成熟度の高い年金基金においても，不動産証券化商品の流動性が高くなれば，それへの投資が容易になるものと思われる。また，家計においても，程度の差はあるとしても，同様のことがいえるであろう。

（デット型証券とその市場）

○ 不動産の証券化の典型的なケースとしては，当該不動産をベースとして，出資分に相当する証券（いわゆるエクイティ型証券）と，債務分に相当する証券（いわゆるデット型証券）とが併せて発行されるものがある。この場合，当該証券の流通市場との関係は，両者を区分して考えることが適当であるように思われる。

○ まず，デット型証券については，その債務履行が優先的に行われることやその性格が社債や国債などといった通常の債券と類似していることもあり，投資家にとってはそれなりの需要が現に存在するように思われるし，また，その潜在的需要も多いものと思われる。このデット型証券の流動性は，その商品が多く発行され，残高が積み上がるにつれて高まることが期待される。

○ また，我が国における債券市場が充実することによっても，不動産証券化商品の流動性が高まることが期待される。諸外国においても，不動産の証券化商品，特にデット型証券は，当該債券市場におけるベンチマーク[注17]商品（その代表的な例は，その国の国債である）との比較において，その利回りやリスクが判断されることが多いことから，我が国における債券投資のベンチマーク商品たる国債市場の活性化や一層の整備は，我が国の債券市場の一層の活性化を促し，デット型証券も含めた不動産証券化商品の魅力をも高めることになろう。

（エクイティ型証券とその市場）

○ エクイティ型証券に対しては，機関投資家も関心は高いものの，なお慎重であるように思われ，デット型証券に比べて，総じて需要はそれほど強くないのではないかと見られている。それは何よりも，エクイティ型証券は，不動産の価格変動リスクを被りやすいものであることに由来するものとされている。しかしながら，これらはいずれにしろ，配当，利回りの設定水準等のマーケットメカニズムを通じて，商品設計の段階で何らかの工夫を加え得る余地があるという見方もあり得よう。

○ 諸外国の例を見ると，例えば，年金基金の場合であっても，例えその割合が低くとも不動産そのものが運用対象とされていることから見ても，エクイティ型証券なるがゆえに需要が少ないという説明には説得力がなく，むしろ，運用資産全体のパフォーマンスを各種資産への合理的なポートフォリオを組むことによって，極限まで上げようとする努力の欠如にもよるものではないかとも思われる。

○ いずれにしても，例えば，会社型投信の投資証券[注18]の証券取引所への上場等といった最近の努力は，ベンチマークの確立や情報開示にも資する動きであり，エクイティ型及びデット型双方の証券の需要の増大につながるものと思われる。

(社債，CP，国債と債券市場)
○ 広く我が国の証券市場そのものが高い流動性を持つものとなり，マーケットとして相応の深さと広さを持つものとなること，さらには金融市場がより成熟することは，証券に化体させた不動産証券化商品への需要を高めるものと思われる。その関係では，社債，CP等といった既存の証券の流動性の向上に向けた関係者の努力が期待されるところである。

○ また，国債は多くの国で債券市場の中核をなすものであるが，我が国の場合，従来，ベンチマーク商品の少なさ，発行年限の偏り，商品の多様化の遅さ等が指摘されてきたところである。近年，発行年限の多様化（平成12年度には新たに15年変動利付債及び3年割引債が発行される），入札スケジュールの事前公表，リオープン方式の導入等，市場の整備に向けた施策が講じられている。これらの国債市場の整備は，我が国の債券市場の活性化や進化を通じ，我が国債券市場全体の成熟をもたらすことになろう。

(一般投資家への配慮)
○ 従来，不動産証券化商品の組成者が機関投資家に重点を置いて，証券化商品を組成し販売してきたことから，高額な商品が中心となっていたが，今後，一般投資家の潜在的需要に十分応えるためには，商品に関する情報をより広く知らせたり，一般投資家をより意識した販売方法についての十分な配慮が必要となろう。

(注17) Bench Mark。この場合，投資判断をする際の指標となるものを指す。
(注18) 会社型投資信託（特別法人である証券投資法人が有価証券を発行して資金を集め，これを主として有価証券に対する投資で運用し出資者に収益を分配する仕組み）において，証券投資法人が発行する有価証券のこと。

第5章　情報公開の重要性

○　不動産については，個別性・地域性が強く，かつプライバシー保護への要請が強いという理由で，個々の情報の開示は進んでいない。したがって，不動産をベースにした証券化商品についても，その制約から免れることができず，他の類似の資産に比べても情報の開示が進んでいない状況にある。しかしながら，およそ証券化商品を創り，かつ，それについての市場の活性化を図るということであれば，不動産関連の情報ができるだけ関係者に開示され，かつ一般に公開されることが望ましく，個別の取引の数量や価格などが明示されにくいところでの健全な市場の急速な発展は考えにくいように思われる。

（進展する商品についての情報開示）
○　近年，証券化商品を組成している不動産の情報は，開示に焦点が当てられつつあり，その限りにおいて，個別商品の投資家への情報開示という面では，かなりの進展があるといえる。

例えば，SPC法に基づく証券化の場合，資産流動化計画や有価証券発行届出目論見書などにおいて取得対象不動産の詳細情報（例えば，購入価格，賃貸料など）が開示されており，また，不動産特定共同事業においても，法令，政省令等により事業参加者への契約前・契約時の書面交付，財産管理状況の報告等が義務付けられている。

これらの情報開示は主として，投資家保護の観点から投資家に十分な情報を与えるという視点でなされているものであり，それなりの役割を果たしているといえよう。

（インフラとしての土地情報の充実の必要性）
○　しかしながら，不動産の証券化が，不動産や金融資産の適正配分に資する

という幅広い目的をもっているものとすれば，不動産の情報開示も，投資家に提供された既存の商品に関するもののみでは必ずしも十分ではなかろう。そこでは現に，伝統的な不動産関係の事業に従事していなくとも，不動産を取り扱うことに対する合理的な資格と不動産の証券化の技術を持っている者が，容易に証券化の業務に参入し得るように，不動産の取引や使用状況に関する情報ができるだけ関係者に開示され，一般的に公開されていることが望ましいように思われる。

さらにいえば，およそ不動産の証券化という目的に限らず，不動産全般について，その情報ができる限り幅広く開示され，公開されることが経済活動の基礎的なインフラを提供するものであるとの認識がさらに広がることが望ましいものと思われる。

（諸外国の最近の動向）

○　従来，欧米先進諸国でも，個々の不動産に関する情報（特に賃料と取引価格）はそれほど開示されていない，と認識されていたように思われる。

　しかしながら，不動産の種類（住宅用か，商業用か）やそれぞれの国々の事情によって多少の差異はあるが，このところ海外においては不動産についての情報の開示や公開は相当進んできているように見受けられる。個々の賃料や取引価格まで簡単に知り得るところもあれば，これをインデックス[注19]にしたうえで，開示されているところもある。

【諸外国の不動産情報の開示状況については，資料15を参照】

○　我が国においても，当該不動産の性格，使用状況，使用目的，取引の目的などによって，その難易や適否の差異があろうが，関係者のプライバシーにも留意しつつ，広く，不動産関連情報の開示や公開が進められることが望ましい。その際，まず，国や地方公共団体，あるいはその関係機関が当事者となった一定の取引について，情報の開示をさらに進めていくということも検討に値しよう。

（不動産インデックス）

○ 不動産の証券化との関連では，個々の不動産に関する情報のほか，いわゆる不動産インデックスについて触れておく必要があろう。

ここにいう不動産インデックスとは，証券化の対象となり得るような，または，現に証券化の対象となっている不動産に関連する各種の情報（例えば，価格，賃料，利回り等）のデータを用途別・地域別・利用期間別等の各種のグループに着目して，インデックス化したものである。このインデックスは，不動産の証券化商品を組成する際に活用し得る（期間，利回りの設定等）ほか，投資家にとっても，例えば運用のパフォーマンス評価としても，また，投資ポートフォリオの組成の基準としても有効なものである。

○ 特に，年金基金等の機関投資家にとっては，各種の不動産インデックスとの対比において，その投資対象とした特定資産への投資の適否を判断し得るし，それをベースにして運用受託者としての説明義務（アカウンタビリティ）を果たすことができるといえよう。したがって，不動産インデックスの整備やその公開は，不動産証券化商品への投資の可能性をより高めるものといえよう。

○ また，いわゆるプライバシーの保護との関係においても，インデックスであれば，それが個々の不動産についての情報の開示を意味するものではないだけに，その公開は，より望ましいように思われる。

（格付の重要性）

○ 不動産の証券化商品への投資に当たっては，投資家の自己責任と並んで，商品の提供者における商品に関する説明責任が求められることになり，その分析能力・時間に限界がある一般の投資家にも十分な理解を得られるような努力が必要になる。そのためには，格付機関の不動産証券化商品に係る格付がさらに重要になろう。

（注19） Index。投資におけるリターンの市場平均を表し，資産運用上の資産構成や運

用パフォーマンスのベンチマークとなる指標を指す。不動産インデックスの場合は基本的に「総合収益率＝｛実質賃料純収益＋(期末価値－期初価値)｝／期初価値」で算出される。

「不動産の証券化に関する研究会」 報告書

第6章 不動産鑑定評価のあり方

○ 不動産の鑑定評価は，適正な価格による取引，公共事業に関する用地補償費や課税などに係る公的な土地評価，企業会計における時価評価など，幅広い事項に関わるものであり，その質の充実は常に求められているところである。

 特に近年，不動産をとにかく保有することが有利と考えられた，地価の右肩上がりの時代が終焉するとともに，商業地において不動産を源泉とするキャッシュフローが重視されてきたこと等に伴い，より適正な不動産の経済価値の評価の重要性が増してきている。このような中で不動産の証券化という不動産の収益力を反映した金融資産を組成するプロセスにおいても，適正な不動産の経済価値の評価は必須のものとなっている。

○ こうした流れを踏まえて，不動産証券化の過程においても，例えば，SPC法においてはSPCが証券を発行するに当たり不動産鑑定士による鑑定評価を踏まえた価格調査が義務づけられており，今後，創設が見込まれる不動産投資信託（不動産ファンド）等においても同様の規定が設けられることが予定されている。

（不動産鑑定評価の改善と不動産鑑定士の資質の向上）

○ こうした状況の下，不動産の鑑定評価については，次の二つのことが求められよう。

 その第一は，不動産鑑定評価手法の充実である。不動産に化体した証券が，他の金融資産，特に他の債券に伍していくためには，金融資産として既存の金融資産に比肩し得る広がりと確度をもった特性（スペック）を備えていなければならない。そのためには，例えば，個々の不動産の有する収益力の適正な評価，経済外的な要素を的確に反映した当該資産の適正な評価額の算定が求められる。このためには，事例の集積に基づいた地域別・用途別等

ごとのキャップレート[注20]の設定が精緻化されることも必要であろう。

　第二は，不動産鑑定士の資質の向上である。例え第一の条件を満たす手法が完成したとしても，それが個々の不動産鑑定士の鑑定評価を通じて，現実に実施されなければ十分とはいえない。対象とすべき不動産の件数は多く，かつ，その内容は様々であり，不動産鑑定士の数も7,979名（平成12年1月現在：不動産鑑定士補を含む）と少なくないが，その役割の重要性にも鑑み，不動産鑑定士の資質の向上のためには，研修の充実や一般の依頼者がオンラインで不動産鑑定士や不動産鑑定業者の研修履歴情報等を閲覧できるようなシステムの整備など，様々の工夫がなされるべきであろう。

（注20）　Capitalization Rate の略。不動産の生み出す純収益を還元してその不動産の経済価値を求める場合に採用される利回りのことで，「還元利回り」と訳される。

第7章　税制について

○　アメリカにおける不動産の証券化進展の一つの要因が税制改正であったこと，最近における我が国の不動産の証券化進展の背景に，税制に特別の工夫を凝らしたSPC法の創設が深く関わっていることにも見られるように，税制と不動産の証券化の進展については密接な関係にある。

　本研究会では，税制についても検討したが，不動産関連税制は，それぞれ精緻な税理論に基づく考え方の上に成り立っており，この短期間に断定的な結論を示すことは困難であると思われた。

○　いずれにしても，税の個々の措置がある証券の組成・流通の進展，さらには広く異なった種類の金融資産への投資配分に大きな影響があること，したがって，証券を含めた金融面においてある一定の政策を促進したり，または抑制したりするために活用する場合，これらの措置が極めて大きく働くであろうことについて，十分な認識が必要であるように思われる。

　特に，現在のように，僅少の金利差を求めて大量の資金が移動し，また，少しでも多くの利回りを求めて，いわゆる金融工学が活用される時代においては，税制のあり方は，国内のみならず内外の資金の流れに決定的な影響を与えることになる。その観点から，税制の検討の際には，それが資金の流れに与える影響について，従来以上に深く考慮されるべきであるとの認識を強く持つ必要があろう。

(税制についての検討課題)

○　限られた時間の中で，具体的な結論や方向性を示すことは困難であったが，とりあえず議論の中で注目すべきであると思われる点は以下のとおりである。

　現在，土地については，その保有（固定資産税，都市計画税等）・取得（不動産取得税，登録免許税等）・譲渡（所得税，法人税，住民税）の各段

階で幅広く課税されている。それぞれの課税根拠は十分存在するが，これらには，一般的に地価は上昇するものと見られた時代が終わり，地価も他の財貨と同じようにその価格が変動するものであることが明確となった現時点において，その存否や程度について中長期的な観点から再検討すべき点があるのではないかと思われる。ただ，いずれにしても，これらは国の全体的な土地政策とも密接に関連するものであり，土地政策の動向を踏まえたものでなければならないことはいうまでもない。

【不動産関連税制の現状については，資料17を参照】

不動産を証券化する場合には，例えば，実物の取引に課される税負担とSPC法上当該不動産に課される税負担とは異なるものとされているように，ある程度，その実物取引の場合と証券化商品の場合には，負担が異なることになる。この場合，両者の課税の整合性をどこまで求めるのかは難しい問題である。

今後，不動産の証券化の商品としての高度化等に伴い，不動産を化体した証券がどの程度流動性があるかが，他の金融資産との比較において重要となると思われる。その際，その証券化商品に係る不動産の流通課税をどのように考えるべきかといった課題がある。

「不動産の証券化に関する研究会」 報告書

第8章　今後の展望

○　我が国における不動産の証券化は，歴史的に見れば不良債権の処理の一環として論じられはじめられたように思われ，それは1998年のいわゆるSPC法の成立につながり，その後，様々な制度の創設や変更に至り，その動きは現在も続いている。その証券化の動機も，その要因も，当初は自らの保有する不動産の価格のさらなる低下や簿価割れに対処するというものに重点があったが，時代の変遷とともに，当該企業の新たな資金調達手段，あるいは，より低コストの資金調達手段という見地から，積極的な取り組みが増えてきたように思われる。加えて第二章で述べたとおり，最近の低金利のもと，比較的利回りの高い不動産証券化商品に対する投資家サイドからの需要の高まりは，これらの動きをさらに活発化させているように思われる。

【不動産証券化の最近の動きについては，資料20を参照】

○　また，このような動きの背景としては，我が国に対する海外の投資家の増加や金融機関の参入があり，その動きは，日本の金融機関にも影響を与えていることが挙げられる。その結果，我が国においても不動産証券化関連の様々なビジネスが活発化する方向にある。このような状況のもと，以下の例の如く様々な新しいビジネスの方向が予見される。

（不動産担保ローン債権の証券化）

○　いわゆる不動産の証券化商品の対象は，不動産そのものを対象としたものに限らず，不動産関係のローン債権が対象となり得る。特に，いわゆるMBS[注21]と称される保有する住宅ローン債権の証券化が考えられる。それが，公的金融機関であれ，民間の金融機関であれ，このローンを証券化して，これを市場で売却することは，当該金融機関の資金調達手段の多様化，資産の圧縮にもなる（それは，いわゆるBIS比率の改善，ROA及びROEの改善にもつながる）ほか，当該機関の金利リスクや期間のミスマッチ（流

○ また，このようなMBSのベースとなる住宅ローン債権は，新たに発生する住宅ローン債権のみならず，既存の住宅ローン債権も対象となるものと思われる。

○ さらに，不動産投資に関するノンリコース・ローン[注22]についても，当該不動産の保有企業の格付が必ずしも高くない場合には，相対的に低い金利での資金の調達を意味することになり，その点で当該企業の財務体質の改善にもつながる。このノンリコース・ローンについても，これをベースに証券化商品（一種のABS）を組成することが可能であろう。その結果としての当該商品の売却は，いわゆるMBSと同様の財務上の効果をローンの貸し手である金融機関にもたらすことになろう。なお，このような進展には，当該不動産についてより幅広く，かつ，詳細な情報の開示が求められることはいうまでもない。

動性リスク）といったリスクの低下をもたらすことになる。その結果としての財務体質の改善は，当該機関の格付の上昇となり，より安いコストでの資金調達を可能にするであろう。

（新たな関連事業の創出）

○ 不動産の証券化の進展は，不動産の分野における機能の分離を通じて，様々な新たな事業の創出や既存の事業の拡大をもたらすことになろう。この場合，不特定多数の投資家が不動産投資・事業リスク負担機能を担うのに必要な，不動産及び不動産証券化商品の特性を踏まえたサービスを提供できるような関連する諸機能の専門化，分化，高度化が要請される。

○ この結果，不動産投資と運営管理に関連する分野で様々な新しい事業機会の創出や活発化が見られることになる。具体的には，投資家の投資判断に資する投資情報を提供するサービスや，証券化対象不動産の管理を行い当該不動産の価値を維持・向上させる（キャッシュフローを増加・安定させる）プロパティーマネージメント[注23]，不動産の取得・管理運営・処分などについて，プロパティーマネージメントなど他の関連する業務を統括のうえ，専門

的な立場から助言したり，またはそれらを一任され実行する不動産投資顧問会社（運用会社）[注24]などが挙げられる。

（土地の有効利用と不動産の証券化）

○ 当初，その土地の保有者が，いわば身軽になるための手段と考えられていた不動産の証券化は，単に当該土地が何らかの形で利用されるという意味での活用化を促進するのみならず，その収益力に応じた形，よりふさわしい形での活用を促すことにより，適切な利用を促すことになる。これはいわば土地の「最適利用」へのプロセスといえよう。不動産の証券化は，こういう最適利用への不動産の選別化の手段となることが考えられる。

　ただし，だからといってこのような証券化のプロセスが土地の「活用」に与える効果を過大視することは適切ではなかろう。なぜならば，証券化の対象となる不動産は，キャッシュフローを生むものであること，関連情報が開示または公開されていること等の条件を満たしていることが必要であり，すべての土地・建物がこのような条件を満たしている訳ではないからである。

（PFIとの関連）

○ 不動産の証券化は，悪化した財政事情の下，民間資金の活用によって公共事業の推進を図ろうとする，いわゆるPFIと関連するところが多い。双方ともに，我が国における家計の貯蓄等の有効活用を図るものである。また，不動産の証券化の進展は，PFIの推進にもつながることになる。それは，例えば，PFIによるプロジェクトファイナンスが，不動産の証券化を活用して進められることが考えられる。また，不動産の証券化もPFIも，ともに公的機関等の資産や負債の圧縮，オフバランス化の推進への途を開く側面がある点においても共通点が見られるところである。この点については，今後，さらに積極的な議論が行われることを期待したい。

（注21） Mortgage Backed Securitiesの略。住宅ローン債権を担保に証券化したもの

第Ⅱ部　研究会報告書

　　　　を指す。なお，商業用などの収益不動産へのローン債権（ノンリコース・ローン）を担保に証券化したものをCMBS（Commercial Mortgage Backed Securities）という。
（注22）　Non-Recourse Loan。融資に伴う債権者の求償権の範囲を融資対象物件の担保価値に限定するローン。債権者は貸倒れリスクを負担する代わりに，従来のリコース・ローンに比べて貸付金利を高く設定できるメリットがあるといわれる。
（注23）　Property Management。不動産の現物（物件）を物理的に管理し，物件の価値を維持・向上させる業務。
（注24）　投資家のために，不動産の取得・管理運営・処分などについて，専門的立場から助言したり，それらを一任されて実行する業務で，アセットマネージメント（Asset Management）ともいう。

第9章　まとめ

○　最近における不動産の証券化の進展は，以下のような十分な理由があるものであり，それなりに好ましいものと考えられる。
　(1)　個人，機関投資家にとって，新たな証券は他の資産とは異なる新たな特性をもった資産の出現を意味し，その投資対象資産の拡大を通じて，自らの保有する金融資産のパフォーマンスの向上やリスクの分散に資する。
　(2)　不動産の保有者にとっては，証券化は，当該不動産を分離し，新たな資金調達手段を提供するものであり，結果的にROAやROEの向上をもたらす可能性があるほか，新たな低コストの資金調達を可能にするなど，その財務体質の改善等に資する。
　(3)　不動産の証券化に伴う各分野での努力，特に，新しい金融資産創出への努力は，関連事業のイノヴェーションを促進し，新たな雇用機会を創出するほか，それらの活動を通じて，我が国の経済構造の改善に資する。
　(4)　結果的に，我が国経済全体を見ると，貯蓄者がより高い利回りを享受し，資金の調達者がより低いコストで円滑に資金を調達し得ることになり，それだけ我が国全体の経済の効率化，国民の福祉の向上をもたらす。
　(5)　またそれは，1300兆円を超える世界最大の我が国の貯蓄が，我が国の国民のために国内でより有効に活用されることにもつながる。
○　しかしながら，不動産の証券化については，その進展が進めば，なおその流れを促進させる効果を持つものがあるように思われる。それらのうち，特に目立つものを列挙すれば，次のとおりである。
　(1)　年金基金等，機関投資家による運用資金の投資収益の極大化に向けた一層の努力が必要である。企業年金の運用制限が法令上撤廃されていることからも，運用責任者の選定，現実の運用ルールなどについて，さらに，利回りの極大化に一層努力することが望ましい。
　(2)　我が国の証券市場の一層の整備が進めば，それだけ不動産証券化商品の

需要も高まるものと思われる。その中でも，各種債券の中で最大のシェア（証券の発行残高の約56％）を持ち，今や発行残高約300兆円（99年末）となった国債発行や流通のあり方が証券市場に与える効果は大なるものがある。今後とも，その発行証券の多様化等による商品性のさらなる向上や各種制度の国際標準化など，発行・流通市場の整備が当局及び関係業界で進められれば，それは証券市場の一層の整備に有効であり，ひいては，不動産証券化商品の円滑な流通，消化にも資するものと考えられる。

(3) 不動産に関する各種情報の開示や公開は，一層進めるべきであろう。そのことは，証券化商品に対して投資する投資家の保護に役立つのみならず，不動産の証券化ビジネスへの参入の機会を増やし，我が国全体の効率的経済の実現にも資することになる。

(4) 不動産の証券化は，政府の不動産に関する政策，特に土地政策と深い関わりがある。土地は，一方では経済財として景気対策，産業振興，経済政策の対象とされ，公共財として環境整備，防災，都市計画，再開発等，外部経済をもたらすものとして扱われてきている。経済情勢，社会環境，国民の価値観が，海外の影響もあり，変動常ならない状況のもとで容易ではないが，それだけに中長期的視野に立った確固たる土地政策が遂行されることは，その証券化にも資することになると考えられる。

○ 他方，このような状況の下で，上記のような政策の進展があり，これを促進するための積極的施策が進められるにしても，この不動産証券化の進展の度合やそれの社会経済に与える影響を過大評価することは禁物であろう。それは，何よりも証券化の素材となる不動産やその関連資産は，その地代や賃料等コマーシャルベースになるための各種の要件を兼ね備えた一定のものに限られるはずだからである。ただ，それらの動きが，不動産に対する考え方を，所有重視から利用重視へ変えていく側面は軽視し得ないという見方もある。

○ 以上のような分析を踏まえ，当面，以下のような諸政策を提言したい。
(1) 不動産情報の開示と公開の促進

- 不動産の取引価格や賃料について，個々のプライバシーという点にも配慮しつつ，その取引相手，所有目的等をも勘案しつつも，可能な限り情報の開示及び公開を進めること。
- また，各種の不動産関係のインデックスの整備に官民ともに取り組むこと。

(2) 証券市場の一層の整備
- 不動産を化体した証券が，投資家の最適ポートフォリオの組成に資することを確実ならしめるため，証券市場，さらには金融市場の一層の改善に努めること。
- 特に，社債及びCPの流動性の改善に努めるとともに，証券市場の中核である国債について，商品性の向上等，発行・流通市場のさらなる整備に向けた方策の推進に努めること。

(3) 不動産鑑定評価手法の充実
- 個々の不動産の有する収益力などを的確に価格に反映できるよう，不動産鑑定評価手法の充実及び不動産鑑定士の資質の向上を図ること。
- 研修の充実や不動産鑑定士等の研修履歴情報等を閲覧できるようなシステムの整備など，様々な工夫がなされること。

(4) 投資家・商品提供者双方の積極性
- 環境が十分整備されていないことも事実であるが，不動産の証券化の進展が現状程度にとどまっているのは，投資家，特に各種資金の運用者，不動産等原資産の保有者，商品の組成者，これを仲介する者など関係者に，現在提供されている機会を限度一杯活用し，これに積極的に取り組もうとする意気込みがなお不十分であることも一因であろう。関係者の新しい事業に対する進取の気性が期待される。

第Ⅱ部　研究会報告書

「不動産の証券化に関する研究会」　資料

資料1

　このところ「不動産の証券化」について各方面で急速に期待が高まっており，そのための研究，あるいは政策の具体化が進んでいる。これらの施策は，それなりの成果を挙げつつあるように思うが，その議論の中心がいかなる商品を作るべきかにあるように思われる。しかしながら，これが本来の姿で進むためには，商品のみならず，資金供給サイドの状況も併せて検討する必要があるように思われる。具体的にいえば，わが国の約1,300兆円という個人貯蓄を中心とした膨大な貯蓄を，どういう形で運用することが好ましいのか，そのための貯蓄形態は預貯金，債権，株式など，どういう形に変わっていくのか，それを仲介すべき銀行，証券会社といった金融機関は，どういう役割を果たすべきなのか，なども併せて考えるべきであろう。そして，それらに対して答えを出すためには，世界の金融制度，金融機関の役割，マーケットの変わり方を押さえる必要がある。また，わが国の現在の金融，経済情勢，変貌しつつある金融の諸制度をも視野に入れる必要があろう。
　さらに，「証券化」といった場合，不動産が単に証券に化体されただけでは，金融商品としてはあまり意味がなく，むしろその流動化，すなわち流通市場が存在するところまで考えるべきであろう。
　そう考えると，現在の主流となっている「不動産の証券化」は，とにかく現在ある不動産の現金化に止まっているように思われ，必ずしも十全とは思われない。
　こういう視点に立てば，「不動産の証券化」とは，単に土地や建物そのものを証券化するというに止まらず，幅広く不動産関連のABSをも視野に入れるべきは当然であろう。

そこで，こういう内容を幅広い観点から議論して頂くことを念頭に，委員の先生方にお願いしたところである。国土庁の研究会という点であることから，その具体的な提案をどこまでお願いすべきかという制約はあるかも知れないが，幅広い観点から闊達な議論をして頂き，その成果を取りまとめた報告書を作成して頂きたい。

　　　　　　　　　　　　　　　　　　　　　　　　　久保田　勇夫

第Ⅱ部 研究会報告書

資料2

「不動産の証券化に関する研究会」委員名簿

(平成11年12月8日現在)

青木修三　　㈱東海銀行　常任顧問

浅井裕史　　三井不動産㈱　不動産証券化推進室長

大川陸治　　東急不動産㈱　常務取締役

亀谷祥治　　日本大学大学院　グローバル・ビジネス研究科教授

近藤　章　　大和証券SBキャピタルマーケッツ㈱　代表取締役副社長

○新門義昭　　東洋土地建物㈱　顧問

久恒　新　　㈱都市経済研究所　代表取締役

○座長

「不動産の証券化に関する研究会」 資料

| 資料3 |

「不動産の証券化に関する研究会」開催状況

第1回（平成11年12月8日）
 Ⅰ．基本的な進め方について
 Ⅱ．民間の金融資産の構成について
 Ⅲ．自由討議

第2回（平成11年12月27日）
 Ⅰ．日本の家計の金融資産選択行動について
 Ⅱ．不動産の証券化に関する促進策について
 Ⅲ．意見交換

第3回（平成12年1月14日）
 Ⅰ．個人資産を巡る状況について
 Ⅱ．証券化等商品における税制について
  ①課税状況
  ②課税状況の評価
 Ⅲ．不動産に係る情報開示について
  ①現状報告（SPCにおける開示事項）
  ②意見交換
 Ⅳ．その他

第4回（平成12年1月24日）
 Ⅰ．年金福祉事業団・藤井理事ヒアリング
  ・各種年金基金の資産運用方針，不動産投資についての課題　等
 Ⅱ．証券化等商品における税制について
 Ⅲ．不動産に係る情報開示について
  ・諸外国及び我が国における状況について

Ⅳ．その他
第5回（平成12年2月7日）
　　Ⅰ．証券化等商品における税制について
　　Ⅱ．不動産に係る情報開示について
　　Ⅲ．債券市場について
　　Ⅳ．その他
第6回（平成12年2月15日）
　　Ⅰ．債券（国債）市場について
　　Ⅱ．ポートフォリオ等について
　　Ⅲ．その他
第7回（平成12年2月28日）
　　Ⅰ．ウォーグバーグ・ディロン・リード証券会社ヒアリング
　　　　・日本における不動産証券化への取り組み　ほか
　　Ⅱ．不動産に係る情報開示について
　　Ⅲ．その他
第8回（平成12年3月6日）
　　Ⅰ．東京経営短期大学・吉牟田教授ヒアリング（税制について）
　　Ⅱ．不動産に係る情報開示　―　不動産インデックスについて
　　Ⅲ．不動産の証券化に果たすSPC法の役割等について
　　Ⅳ．その他
第9回（平成12年3月14日）
　　Ⅰ．不動産に係る情報開示　―　不動産インデックスについて
　　Ⅱ．不動産の証券化に果たすSPC法の役割等について
　　Ⅲ．その他
第10回（平成12年3月24日）
　　「不動産の証券化に関する研究会」報告書（骨子）について
第11回（平成12年4月24日）
　　「不動産の証券化に関する研究会」報告書（案）について

「不動産の証券化に関する研究会」 資料

資料4

民間の金融資産の構成について

○金融商品への投資主体としては，個人及び生命保険・損害保険，年金基金等の機関投資家が想定される。1999年3月末における，各主体別の金融資産の構成は以下のとおりである。

〈家計〉

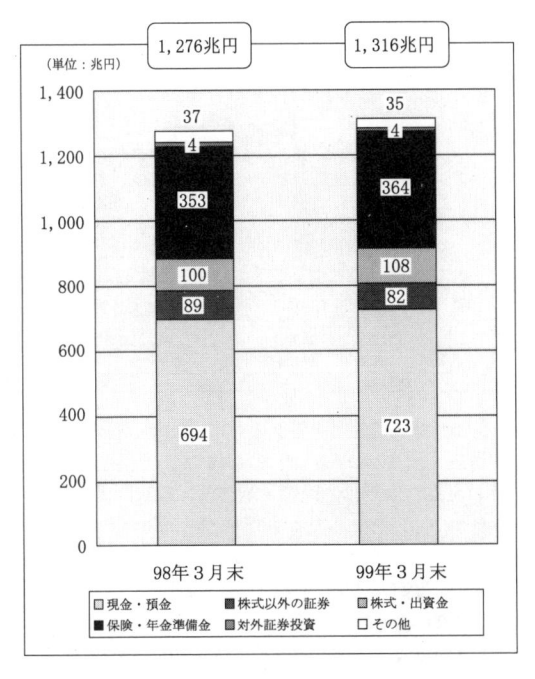

	98年3月末	99年3月末
合計	1,276兆円	1,316兆円
その他	37	35
対外証券投資	4	4
保険・年金準備金	353	364
株式・出資金	100	108
株式以外の証券	89	82
現金・預金	694	723

※個人の金融資産の構成上の特徴として，99年3月末時点で現金・預金が723兆円（55％），保険・年金準備金が364兆円（28％）と，安全資産がその8割を占めていることが挙げられる。

出典　日本銀行「資金循環勘定」（99年9月21日公表分）
注）99年第1四半期公表分（ストックベースで99年3月末データ）より，新しいベース

第Ⅱ部　研究会報告書

（以下「新統計」という）での計数が公表されていることに伴い，98年3月末のデータについても，新統計方式で算出した数値を採用している（以下同じ）。

〈保険・年金基金〉

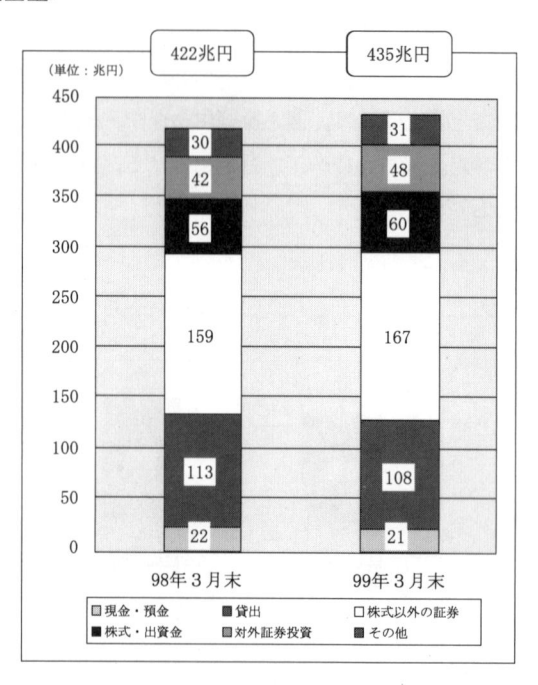

	98年3月末	99年3月末
合計	422兆円	435兆円
現金・預金	22	21
貸出	113	108
株式以外の証券	159	167
株式・出資金	56	60
対外証券投資	42	48
その他	30	31

※保険・年金基金の金融資産の構成上の特徴として，99年3月末時点で株式以外の証券が167兆円（38％），株式・出資金が60兆円（14％）で，合計で5割程度にはなるが，そのうち，株式以外の証券の大半は，国債・地方債，政府関係機関債などの国内債（安全資産）で占められている，といったことが挙げられる（別紙参照）。また，内外金利差の大きさに注目してか，対外証券投資額が約1割程度を占めている。

出典　日本銀行「資金循環勘定」（99年9月21日公表分）

注）「年金基金」は，企業年金や国民年金基金などの年金・退職一時金給付のために積立てられた基金の運用主体を指し，共済年金等のいわゆる公的年金は含まれていない。

○次に，主な経済主体別の金融資産の構成をアメリカと比較してみると（99年3月末データ），

　①個人資産について，日本では，その大半が現金・預金等の安全資産の形で運用されているが，アメリカにおいては，その多くが株式，株式以外の証

「不動産の証券化に関する研究会」資料

券（債券，投資信託等）といった金融商品に投資されている。
②年金基金について，日本では，年金資産の安全性を重視し，より安全性の高い国内債で運用する反面，株式での運用が25％程度にとどまっている。一方，アメリカにおいては株式での運用が6割を超え，債券での運用を併せると8割を超えているなど，積極的に株式等の金融商品へ投資を行い，リスク・リターンをとる姿勢が伺える。

〈家計〉

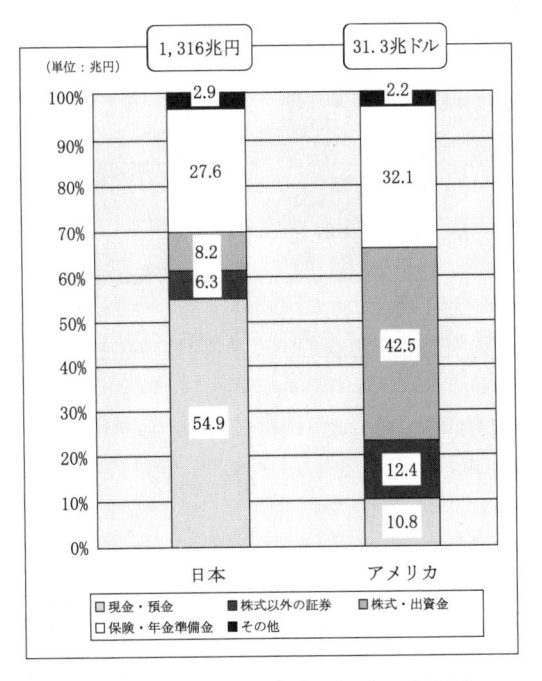

	日本	アメリカ
合計	1,316兆円	31.3兆ドル
その他	2.9	2.2
保険・年金準備金	27.6	32.1
株式・出資金	8.2	42.5
株式以外の証券	6.3	12.4
現金・預金	54.9	10.8

（単位：兆円）

出典　日本銀行「資金循環の日米比較：1998年度」（99年9月30日）

第Ⅱ部　研究会報告書

〈年金基金〉

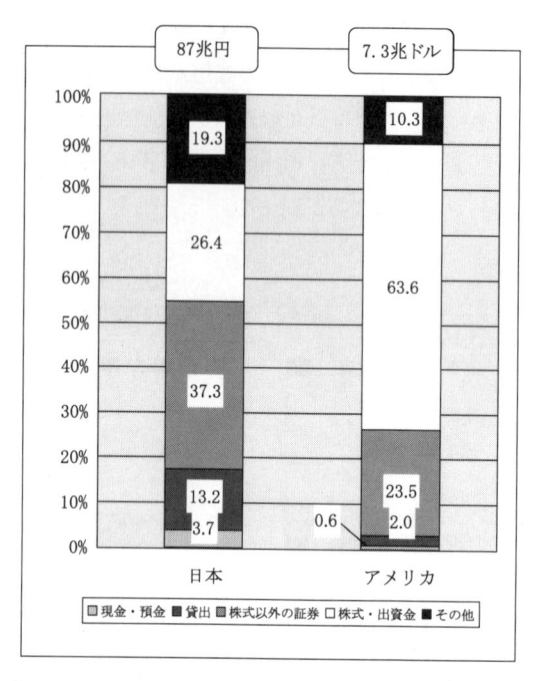

	日本 (87兆円)	アメリカ (7.3兆ドル)
現金・預金	3.7	0.6
貸出	13.2	2.0
株式以外の証券	37.3	23.5
株式・出資金	26.4	63.6
その他	19.3	10.3

出典　日本銀行「資金循環の日米比較：1998年度」（99年9月30日）

「不動産の証券化に関する研究会」資料

資料5

欧米における個人金融資産の構成について

(1)米国の個人金融資産の構成

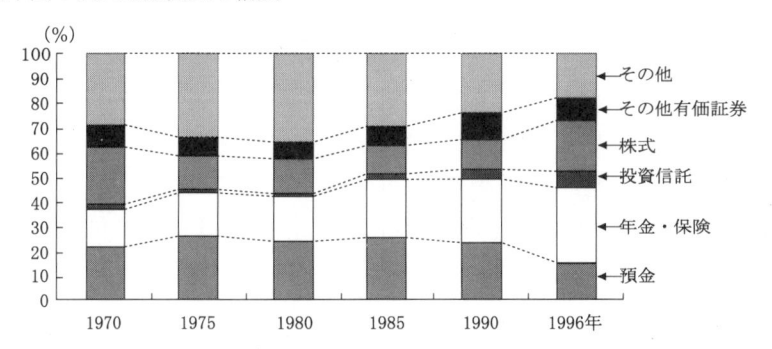

グラフ凡例(上から):その他、その他有価証券、株式、投資信託、年金・保険、預金

(2)イギリスの個人金融資産の構成

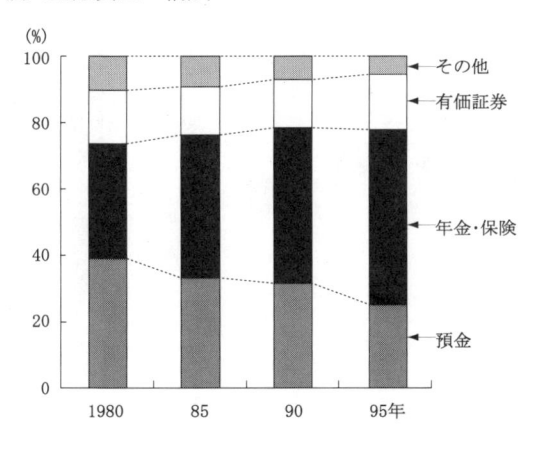

グラフ凡例(上から):その他、有価証券、年金・保険、預金

(3)ドイツの個人金融資産の構成（90年までは西ドイツ）

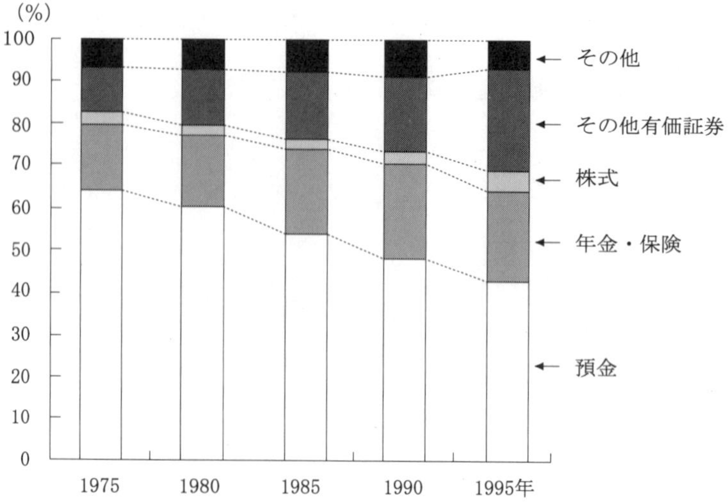
(%)
100
90
80
70
60
50
40
30
20
10
0
1975
1980
1985
1990
1995年
その他
その他有価証券
株式
年金・保険
預金

(4)フランスの個人金融資産の構成

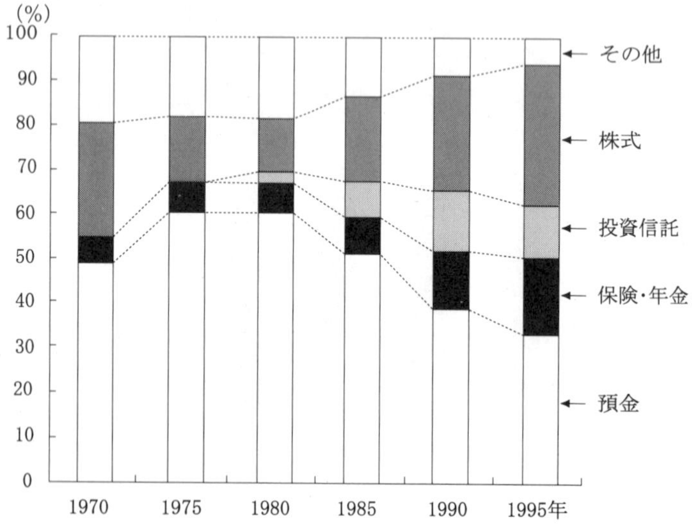
(%)
100
90
80
70
60
50
40
30
20
10
0
1970
1975
1980
1985
1990
1995年
その他
株式
投資信託
保険・年金
預金

出典：各国中央銀行資料より編纂

資料6

平成10年末時点での個人部門・資産構成（金融資産及び土地）

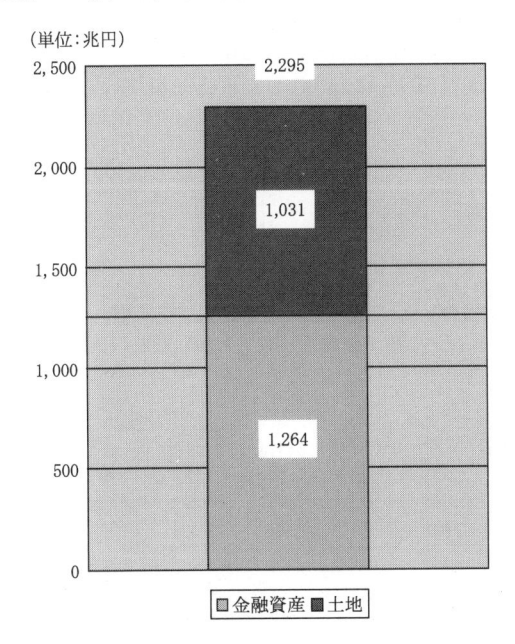

(単位：兆円)

	金融資産	土地	合計
	1,264	1,031	2,295

出典：金融資産 ― 日銀「資金循環勘定」（平11.10.8公表分）
「国民経済計算」との整合を図るため旧ベースの統計値を使用し，個人（家計，対家計民間非営利団体）部門の平成11年3月末ストックから平成11年1～3月のフローを引いて計算
土地 ― 経企庁「国民経済計算」（平11.12.17公表分）
平成10暦年末の家計及び対家計非営利団体の当該データを合計したもので，「宅地・耕地・その他」で構成

資料7

世帯主の年齢階級別1世帯当たり資産額（総世帯）

（総世帯）
(Total Households)
Estimated Value of Assets per Household
　　by Age Group of Household Head (Total Household)

全国
Japan

（単位：千円）

資産項目	平均 Average	30歳未満 years,under	30〜39	40〜49	50〜59	60〜69	70歳以上 and over
集計世帯数	58,718	3,788	11,047	15,974	13,449	10,187	4,273
世帯数分布（抽出率調査）	960,539	81,035	173,444	236,235	206,488	174,810	88,527
（1万分比）	10,000	844	1,806	2,459	2,150	1,820	922
世帯人員（人）	3.07	1.78	3.58	3.98	3.20	2.38	1.88
18歳未満人員（人）	0.75	0.34	1.51	1.46	0.26	0.16	0.10
65歳以上人員（人）	0.41	0.01	0.11	0.32	0.23	0.69	1.47
うち無職人員（人）	0.31	0.01	0.09	0.26	0.21	0.45	1.11
有業人員（人）	1.46	1.15	1.39	1.69	2.03	1.14	0.55
年間収入（千円）	6,940	3,898	6,306	8,206	9,217	6,027	4,084
世帯主の年齢（歳）	49.6	25.3	34.9	44.5	54.3	64.3	74.8
資産合計（①+②）	50,641	8,964	24,635	46,285	60,859	74,577	80,272
①金融資産（貯蓄－負債）	8,224	1,371	1,728	4,958	9,940	16,694	15,211
貯蓄現在高	12,121	2,520	6,701	10,736	14,557	18,738	16,474
金融機関	11,685	2,288	6,154	10,188	14,007	18,457	16,329
通貨性預貯金	778	381	543	654	876	1,040	1,182
定期性預貯金	5,814	1,072	2,787	4,947	6,687	9,586	8,921
金投資口座・金貯蓄口座	22	4	14	16	33	24	44
生命保険など	3,116	640	2,169	3,263	4,058	4,218	2,478
有価証券	1,954	191	641	1,308	2,353	3,590	3,705
金融機関外	436	232	547	548	550	281	145
（再掲）年金貯蓄	482	71	282	465	709	750	238
負債現在高	3,897	1,149	4,973	5,777	4,617	2,044	1,263
うち住宅・土地のための負債	3,356	841	4,440	5,116	3,838	1,663	1,061
②実物資産	42,417	7,593	22,907	41,326	50,919	57,883	65,061
住宅・宅地資産額	40,391	6,467	21,047	39,119	48,305	55,857	63,738
現住居・現居住地	31,778	3,601	17,180	31,837	37,744	43,245	49,459
宅地	27,204	2,724	12,912	25,971	32,502	38,581	46,086
うち借地	1,273	68	503	929	1,363	2,126	2,911
住宅	4,574	877	4,269	5,866	5,242	4,664	3,373

「不動産の証券化に関する研究会」資料

現住居以外・現居住地以外	8,613	2,865	3,866	7,283	10,560	12,613	14,279
宅　　　　　地	7,408	2,378	3,170	6,340	9,070	10,939	12,318
住　　　　　宅	1,204	488	696	943	1,490	1,674	1,960
耐久消費財資産額	1,628	1,088	1,716	1,887	1,959	1,425	885
うち自動車	661	537	771	777	844	477	185
ゴルフ会員権等の資産	398	38	144	320	655	601	438
(参　考)							
宅地保有率(％)	66.7	13.7	48.0	74.1	80.0	80.2	74.1
現居住地	63.4	9.8	44.3	70.8	76.7	77.3	71.8
現居住地以外	12.6	4.5	7.0	11.5	16.3	18.3	14.6
住宅保有率(％)	70.8	16.3	50.3	77.4	84.0	86.3	81.7
現　住　居	68.6	10.4	47.1	75.4	82.4	85.5	80.6
現住居以外	11.3	6.6	6.9	9.5	13.5	15.7	15.3
自動車保有台数(1000世帯あたり)	1,102	754	1,221	1,344	1,390	851	361
可処分所得(円)	−	−	−	−	−	−	−
消費支出(円)	310,924	203,095	287,925	362,812	383,790	279,594	208,129
うち耐久財(円)	15,351	10,930	15,331	16,181	18,965	14,786	9,909
土地家屋借入金返済(円)	18,378	3,226	19,751	28,860	24,612	9,852	3,880

出典：「平成6年全国消費実態調査」（総務庁）

第Ⅱ部 研究会報告書

資料8

年金資金の資産構成について

○日本銀行「資金循環勘定」によると，年金については，年金基金(1)と社会保障基金の中の公的年金(2)とがあり，その金融資産総額は300兆円にものぼる。1999年3月末における，年金基金と公的年金の金融資産の構成は以下のとおりである。

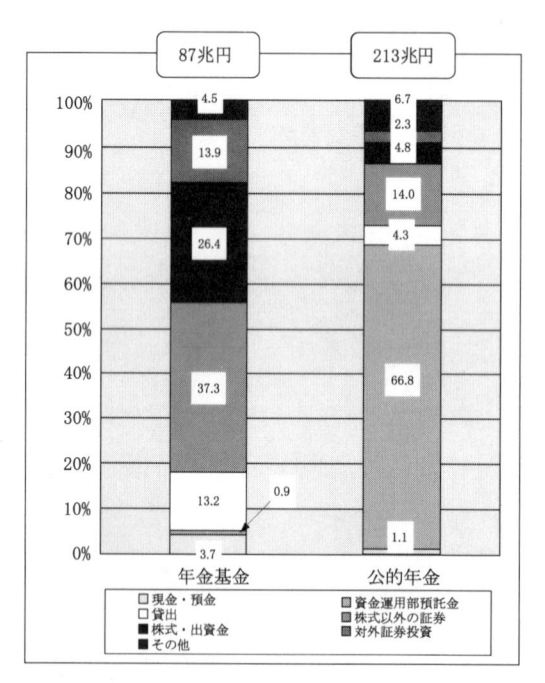

	年金基金 (87兆円)	公的年金 (213兆円)
現金・預金	3.7	1.1
貸出	13.2	—
資金運用部預託金	0.9	66.8
株式以外の証券	37.3	4.3
株式・出資金	26.4	14.0
対外証券投資	13.9	4.8
（中間項目）	—	2.3
その他	4.5	6.7

出典　日本銀行「資金循環勘定」（99年9月21日公表分）

○構成上の特徴としては，
・年金基金：株式以外の証券が37.3%（32兆円），株式・出資金が26.4%（23兆円）で，合計では5割を超えているが，そのうち，株式

以外の証券の6割以上が国債・地方債・政府関係機関債といった国内債で占められている（別紙参照）。
・公的年金：厚生年金・国民年金積立金及び共済年金の一定割合については，大蔵省資金運用部への預託が義務づけられており，この預託金が全体の6割以上を占めている（66.8％，143兆円）。また，共済年金の一定割合については政府保証債や地方債の購入も義務づけられ，残った分はまた自家運用で債券投資されるため，株式以外の証券の比率が14.0％（30兆円）と他の資産に比べ高くなっている。

といったことが挙げられる。

---

(1)年金・退職一時金給付のために積み立てられた基金の運用主体を指し，ここには，
　①企業年金（厚生年金基金，適格退職年金）
　②その他（国民年金基金，勤労者退職金共済機構などの公的な主体）
　が含まれている。
(2)社会保険の運営を行う社会保障基金のうち，年金保険を運営するものを指し，ここには，
　①国の特別会計の一部（厚生保険特別会計・年金勘定，国民年金特別会計）
　②共済年金（国家公務員，地方公務員，私学教職員，農協漁業組合職員の四つの職域単位で運営する組合の長期計理）
　③農業者年金基金（農業従事者が対象の公的年金制度）
　が含まれている。

（別紙）年金資金における「株式以外の証券」の内訳

〔年金基金；32兆円〕　　　　　　　（単位：％）

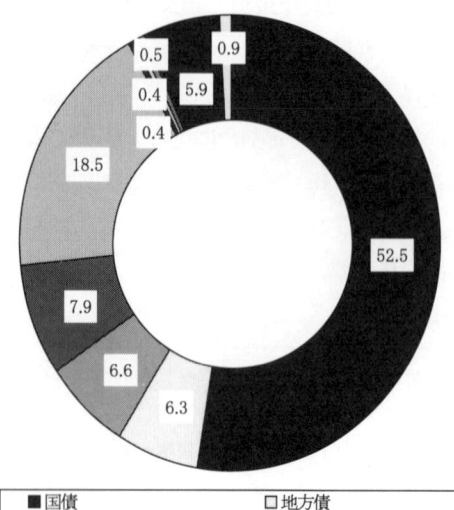

- 国債 52.5
- 地方債 0.9
- 政府関係機関債 5.9
- 金融債 0.4
- 事業債 0.4
- 居住者発行外債 18.5
- CP 0.5
- 投資信託受益証券 7.9
- 信託受益権 6.6
- 債権流動化関連商品 6.3

「不動産の証券化に関する研究会」 資料

〔公的年金；30兆円〕　　　　　（単位：％）

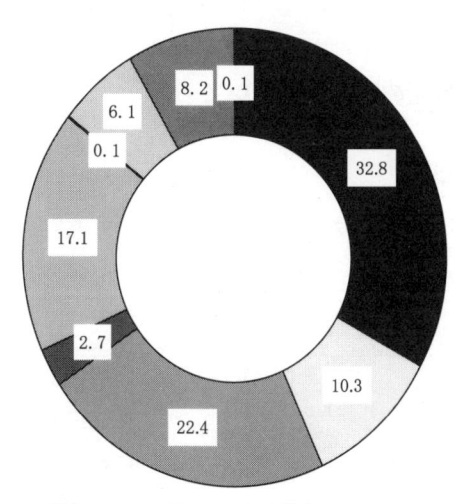

- 32.8
- 10.3
- 22.4
- 2.7
- 17.1
- 0.1
- 6.1
- 8.2
- 0.1

■国債　　　　　　　　　□地方債
■政府関係機関債　　　■金融債
□事業債　　　　　　　　■居住者発行外債
□投資信託受益証券　■信託受益権
■債権流動化関連商品

資料9

年金基金の運用資産の構成等について

(1) 年金の積立状況

公的年金の積立金

（98年度末）

	積立金 （兆円）	積立度合 （倍）
厚生年金保険	125.8	5.4
国家公務員共済組合	7.9	4.5
地方公務員共済組合	32.2	7.2
私立学校教職員共済	2.7	11.0
農林漁業団体職員共済組合	2.0	4.6
合計	170.6	5.6

私的年金の積立金

（97年度末）

	積立金 （兆円）
厚生年金基金	約50.1
適格退職年金	約19.2
合計	約69.3

出典：「年金白書」

（注）積立度合は98年度の支出合計に対する97年度末積立金の倍率
（なお、国民年金の積立金8.5兆円、積立度合2.6倍）

出典：「年金情報」

(2) 厚生年金基金連合会のポートフォリオ

平成10年4月1日実施

期待収益率	標準偏差	国内債券	国内株式	外国債券	外国株式	転換社債	生保一般	不動産
6.73	11.06	38.00	30.00	6.00	16.00	5.00	4.00	1.00

↓

平成11年10月1日補正

期待収益率	標準偏差	国内債券	国内株式	外国債券	外国株式	転換社債	生保一般	不動産
6.99	11.31	42.00	33.00	7.00	18.00			

「不動産の証券化に関する研究会」資料

(3) 厚生年金基金連合会の資産構成の現状

平成11年3月末時価ベース

	債券	株式	転換社債	外債	外株	生保一般	不動産	短期資産	合計
構成比	35.90%	30.46%	4.13%	6.81%	18.57%	1.17%	0.48%	2.49%	100.00%
基本ポートフォリオ	38.00%	30.00%	5.00%	6.00%	16.00%	4.00%	1.00%	0.00%	100.00%
委託機関	18	18	9	13	13	6			*42

＊運用機関によっては、複数の資産を運用している会社もある。
注）この他に生保特別等があり（資産相対比率1.24%）、5運用機関に委託している。

出典：厚生年金基金連合会ホームページ

(4) 年金福祉事業団の資産構成の現状（平成11年3月末時価総額）

両事業計 246,722億円

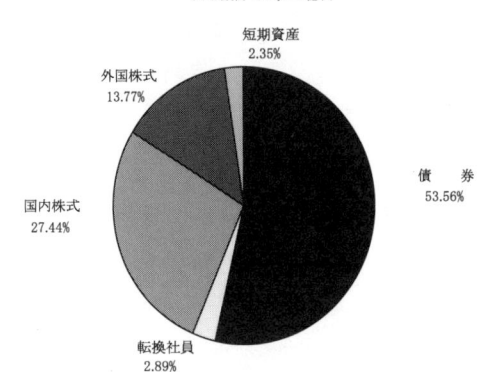

（単位：億円，%）

	資産額	構成比
債　券	132,139	53.56
うち外国債券	16,226	6.58
転換社債	7,125	2.89
国内株式	67,698	27.44
外国株式	33,964	13.77
短期資産	5,796	2.35
合　　計	246,722	100.00

出典：年金福祉事業団「平成10年度事業年報」

(5) 海外年金基金の運用

政策アセット・ミックス

基金名	国内株式	外国株式	国内債券	外国債券	不動産	オルタナティブ	短期資産
CPPIB	80	20	0	0	0	0	0
オンタリオ州	30	35	23		10		2
NY市職員	55	13	30	0	0	2	0
NY州・地方職員	43	12.5	34	0	3.5	5	2
NY州教職員	55	10	20	3	5	1	0

149

第Ⅱ部 研究会報告書

フロリダ州	61	8	26		4	0	1
CalPERS	41	20	24	4	6	4	1
CalSTRS	38	25	26		0	10	1
GTE IMC	45	25	20	5	0	0	5

＊GTE IMCの値は実測値
＊CPPIB ：Canada Pension Plan Investment Board
　CalPERS：カルフォルニア州公務員退職年金基金
　CalSTRS：カルフォルニア州教職員退職年金基金

出典：年金資金運用研究センター出張報告

「不動産の証券化に関する研究会」 資料

資料10

審査にみるプロジェクトフィージビリティの手法

1. 沿革，経営者，株式分析―設立事情，経営環境変化と対応，経営力，筆頭株主―経営力評価―経営戦略論，財務戦略論
2. 事業概観―主要製品，製品差別化，戦略商品，業界動向，シェア，業界保護制度，能力バランス，遊休設備，稼働率―製品力評価―製品戦略論，設備投資戦略論，経営組織論，労務管理論
3. 生産，販売分析―原材料手当，数量効果，価格効果，販売網，在庫水準―販売力評価―販売戦略論，物流管理論
4. 損益，財政状態分析―段階別損益，勘定科目分析，―収益力，財務体力―財務管理論
5. 設備投資計画分析―工事の適格性，公共性，立地条件，規模，生産能力，工事効果―物理的工事遂行能力―設備投資管理論，立地戦略論
6. 資金計画分析―借入条件，財務体力への影響，予想バランスシート―資金的工事遂行能力―財務管理論
7. 収支予想策定―収益構造の把握，前提条件の的確性，実績との整合性―結論の定量化，償還能力測定―経営計画論，投資選択論
8. 担保，保証人分析―担保計算―担保評価，保証債務履行能力評価―財務諸表論

　　　　　（審査項目―サブテーマ―審査目的―経営学分野の順）
　審査のうち，実績分析により，収支予想，前提条件，インプットデータの確定が可能となる。
　アウトプットの評価については，感度分析，逆算計算，異業種間プロジェクト選択の活用。
　―単年度黒字転換時期，繰越欠損解消時期，債務償還完了年

第Ⅱ部　研究会報告書

資料11

資産担保証券（ABS）市場の日米比較

米国 ABS 市場
米国の公募 ABS 市場の成長，89〜98年

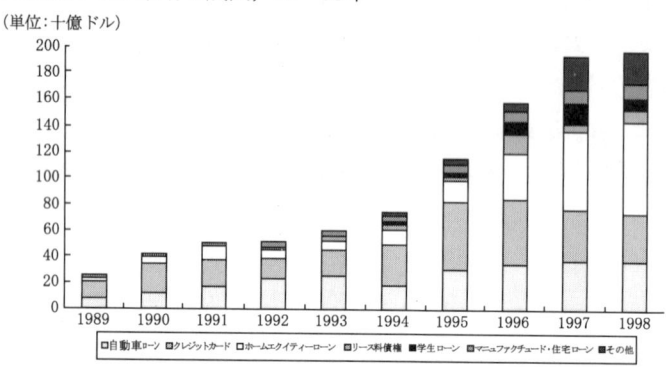

(単位：十億ドル)

1989	約25
1990	約40
1991	約48
1992	約50
1993	約58
1994	約72
1995	約115
1996	約155
1997	約193
1998	約195

凡例：自動車ローン、クレジットカード、ホームエクイティーローン、リース料債権、学生ローン、マニュファクチュード・住宅ローン、その他

出所：当社米国調査部

日本の ABS 市場
日本における ABS 市場の成長

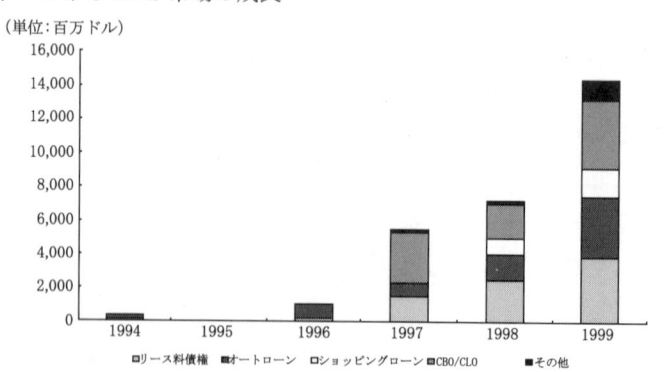

(単位：百万ドル)

1994	約300
1995	約400
1996	約1,000
1997	約5,300
1998	約7,000
1999	約14,200

凡例：リース料債権、オートローン、ショッピングローン、CBO/CLO、その他

注）CBO（社債担保証券），CLO（ローン担保証券）
出所：ローンプライシング社，当社調べ

出典：ゴールドマン・サックス証券　調査レポート（1999年12月17日）

「不動産の証券化に関する研究会」 資料

資料12

債券市場の日米比較残高

日本（1999.9—10）	兆円（%）		米国（1999.9）	T$（%）
国債	314.4 (56.0)		Treasury	3.1 (21.8)
政府機関債	32.6 (5.9)		Federal Agency	1.5 (10.6)
地方債（公募）	14.3 (2.5)	(8.8)	Municipal	1.5 (10.6)
（縁故）	35.5 (5.3)			
社債（公募）	45.3 (8.1)			
（私募）	3.0 (0.5)	(20.2)	Corporate	2.9 (20.4)
サムライ債	8.1 (1.4)			
金融債（利付）	44.4 (7.9)			
（割引）	12.7 (2.3)			
ABS（公募）	0.8 (0.1)		Agency MBS	2.2 (15.5)
（サムライ）	0.4 (0.1)		Asset Backed	0.7 (4.9)
CP	18.4 (3.3)	(9.0)	Money Market	2.1 (14.8)
CD	31.8 (5.7)			
合計	561.7		Total	14.2

（参考）
政府短期証券　39.1

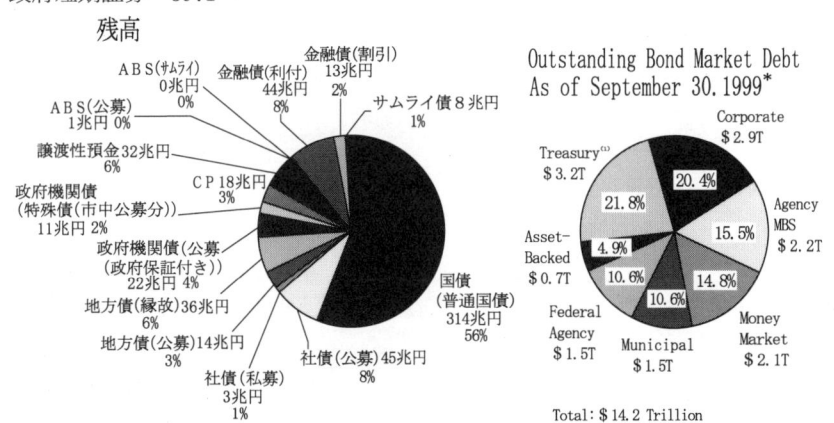

出典：日本銀行「金融経済統計月報」（1999年11月号），ザ・ボンドマーケット・アソシエーション「リサーチ・クォータリー」（1999年11月号）より編纂

第Ⅱ部　研究会報告書

資料13

日米の国債の保有状況

資料：野村證券株式会社
出所：FRB Flow of funds
　　　公社債月報

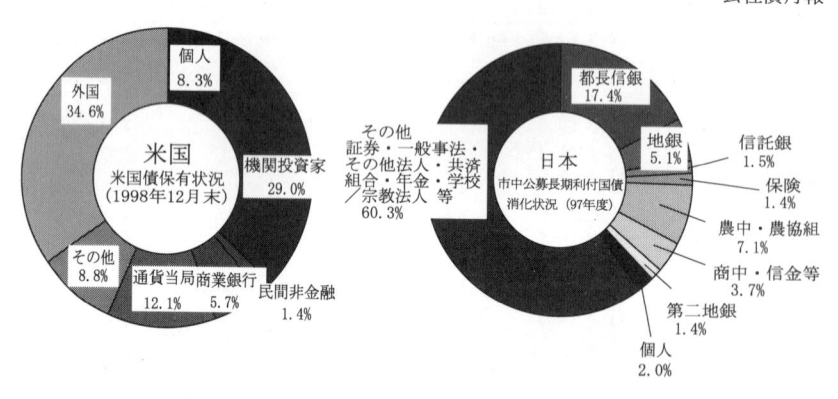

米国 米国債保有状況（1998年12月末）
- 個人 8.3%
- 機関投資家 29.0%
- 民間非金融 1.4%
- 通貨当局商業銀行 12.1% 5.7%
- その他 8.8%
- 外国 34.6%

日本 市中公募長期利付国債消化状況（97年度）
- 都長信銀 17.4%
- 地銀 5.1%
- 信託銀 1.5%
- 保険 1.4%
- 農中・農協組 7.1%
- 商中・信金等 3.7%
- 第二地銀 1.4%
- 個人 2.0%
- その他証券・一般事法・その他法人・共済組合・年金・学校／宗教法人　等 60.3%

「不動産の証券化に関する研究会」資料

資料14

我が国国債市場の特徴（G7諸国との比較）

(1) 発行残高，現物売買高，先物売買高[1]

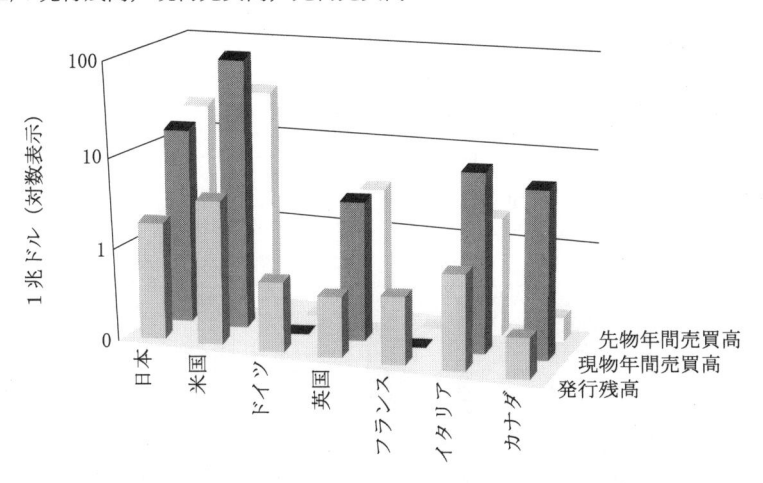

1) 発行残高は，97年末時点。当時のレートで1兆米ドル単位に換算（US＄1＝130円＝DM1.80＝FFr6.02＝ITL1,770＝C＄1.43，£1＝＄1.65）。また，売買高（97年，1兆米ドル単位）は，アウトライト売買についての往復ベース（売買合計ベース）の計数（例：ディーラーAが顧客Bに1億円分の国債を売った場合，Aの売り1億円とBの買い1億円を合計し，売買高2億円として計上）。ドイツ，フランスの売買高は不詳（当該中銀からの回答なし）。

(2) 売買回転率および現物／先物比率

	日本	米国	ドイツ	英国	フランス	イタリア	カナダ
売買回転率[1]	6.9	22.0	NA	7.0	NA	7.7	21.9
現物／先物比率[2]	0.7	2.7	NA	1.0	NA	4.1	33.7

1) 現物年間売買高／発行残高。
2) 現物売買高／先物売買高。

(3) 発行年限の配分[1]

	日本	米国	ドイツ	英国	フランス	イタリア	カナダ
発行年限の数	9[2]	7[3]	6	5	8	10	7
発行年限 （M—ヵ月，Y— 年，イタリック体 はベンチマークが 存在する年限）	3,6M, 1,2,4, 5,6, *10*, 20Y	*3,6M*, *1,2,5*, *10,30Y*	6M, 2,4,5, *10,30Y*	3M,*5*, *10,20, 30Y*	*3,6M*, *1,2,5*, *10,15, 30Y*	*3,6M*, 1,*1.5*, 2,*3,5*, 7,*10*, 30Y	*3,6M*, *1,2,5*, *10,30Y*
ベンチマークの数	1	7	4	4	7	5	7

1）インデックス債は含まず。
2）99年4月に1年物TBを発行開始。
3）98年に3年債の発行を中止した結果，発行年限の数は7となった。

(4) 発行年限別発行残高

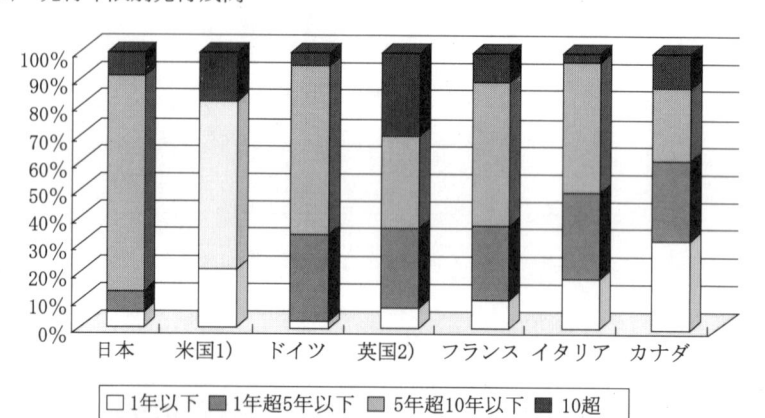

1）米国は1年超10年以下の内訳不明。
2）英国は残存期間ベース。

「不動産の証券化に関する研究会」資料

(5) 市場性のある国債についての政府・中央銀行の保有比率[1]

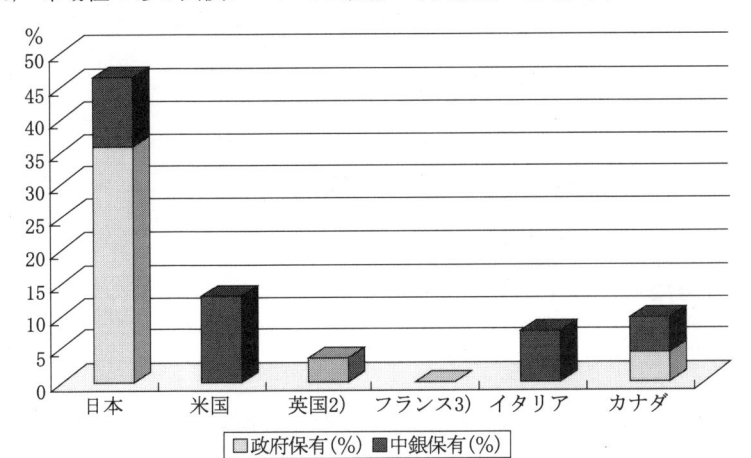

□ 政府保有(%)　■ 中銀保有(%)

1）ドイツのデータは不詳。
2）英国は政府・中銀の保有を合わせたベース。
3）フランスの政府保有はゼロ，中銀保有は不詳。

(6) ストリップ取引

○－可能，統一されている，×－不可能，統一されていない

	日本	米国	ドイツ	英国	フランス	イタリア	カナダ
ストリップ取引	×	○	○	○	○	○[1]	○
クーポン支払日の統一	×	×	○	○	×	×	×

1）98年7月より開始。

(7) インデックス債

	日本	米国	ドイツ	英国	フランス[1]	イタリア	カナダ
発行年限	-	10, 30年[2]	-	様々	11年	-	30年
発行残高(10億ドル)[3]	-	33.0	-	51.9	3.3	-	5.9
全体に占めるウエイト[3]	-	1.0%	-	11.3%	NA	-	2.1%
銘柄数[3]	-	2	-	13	1	-	2
発行方式	-	ダッチ方式の入札	-	ダッチ方式の入札[4]	シ団引受[5]	-	ダッチ方式の入札

第Ⅱ部　研究会報告書

インデックスの種類	-	CPI	-	CPI	CPI	-	CPI
インデックスへの連動の方法	-	キャピタル・インデックス方式[6]	-	キャピタル・インデックス方式[6]	キャピタル・インデックス方式[6]	-	キャピタル・インデックス方式[6]

1）98年9月に発行開始。
2）98年に30年債の発行を開始するとともに、5年債の発行を打ち切った。
3）97年末時点（フランスは初回発行分）。
4）98年11月に売出（タップ）発行からダッチ方式の入札に切り替えた。
5）初回発行はシ団引受で行われたが、次回以降は入札発行に移行する予定。
6）元本部分の償還額は、額面に期間中のインデックスの変化を掛けた額。クーポン支払額は、固定されたクーポンレートをインデックスに従って調整された元本に掛けて求められる。

　　　　　　　　　　出典：井上広隆「G7諸国の国債市場」（1999年5月）
　　　　　　　　　　　　　日本銀行金融市場局ワーキングペーパーシリーズ99-J-2

「不動産の証券化に関する研究会」 資料

資料15

諸外国における公的機関等による取引価格の開示・提供の状況

	アメリカ連邦政府	情報開示州の例		
		ハワイ州	カリフォルニア州	ニューヨーク州
開示主体	（開示せず）	州政府税務局等	郡不動産税評価官事務所等	郡不動産税評価官事務所等
開示情報の内容	──	不動産譲渡税の証明書に記載された取引価格	所有権変更に係る報告書に記載された取引価格	不動産の移転に係る報告書に記載された取引価格
開示対象	──	一般	一般	一般

	イギリス		フランス	ドイツ	オーストラリア
	イングランド・ウェールズ	スコットランド			
開示主体	（開示せず）	土地登記所	不動産登記所	地区鑑定委員会	土地権利事務所
開示情報の内容	──	登記文書に記載された取引価格	登記文書に記載された取引価格	譲渡契約書に基づき作成された表に記載された取引価格	登記申請書の添付書類である譲渡を証明する書面に記載された取引価格
開示対象	──	一般	一般	法的利害関係人	一般

資料：「情報開示に関する調査結果」（1990年，米国不動産鑑定士協会）及び国土庁調査に基づき作成

諸外国における公的機関等による賃料の開示・提供の状況

	アメリカ連邦政府	情報開示州の例		
		ハワイ州	カリフォルニア州	ニューヨーク州
開示主体	住宅都市開発省（HUD）	（開示せず）	（開示せず）	（開示せず）
開示情報の内容	低所得者用住宅の適正市場賃料算定のため，一定地域の平均継続賃料である適正市場賃料（FMR）を公表（個別の賃料ではない）	───	───	───
開示対象	一般	───	───	───

	イギリス		フランス	ドイツ	オーストラリア
	イングランド・ウェールズ	スコットランド			
開示主体	（開示せず）	土地登記所	賃料管理機構	（開示せず）	土地権利事務所
開示情報の内容	───	登記文書に新規賃料を掲載（商業用不動産）	居住用不動産で個人契約のものの個別の継続賃料情報	───	登記申請書の添付書類であるリース契約書（公開）に地代を記載
開示対象	───	一般	法的利害関係人等	───	一般

注）1．ドイツでは一部の市町村において住宅の賃料水準を公表している。
　　2．民間による賃料情報の開示・提供に関しては，不動産ブローカー等が顧客，鑑定士等に商業用不動産の個別の賃料の情報を提供している例は多く見られるものの，個別の賃料が一般開示されているものは見あたらない。
資料：国土庁調査に基づき作成

資料16

不動産インデックスについて

(1) なぜ不動産インデックスが必要か

年金・投信等機関投資家が主として実物不動産に投資運用をする場合，その資金提供者に対して，以下の説明義務を負う。

> 1) 不動産投資の目的・理由・戦略（ポートフォリオ上の位置づけ）
> 2) 不動産運用成績が不動産投資市場全体のパフォーマンスに比べて上回ったか下回ったか（ベンチマーキング）

(2) 不動産インデックスの基本算出式

> 総合収益率＝インカム収益率＋キャピタル収益率
> インカム収益率　＝年間純収益／期初の資産価値
> キャピタル収益率＝（期末の資産価値－期初の資産価値）／期初の資産価値

(3) 海外の事例

インデックスの名称			NCREIFインデックス（アメリカ）	IPDインデックス（イギリス）
作成機関			NCREIF (National Council of Real Estate Investment Fiduciaies：全米不動産投資運用業者協議会)	IPD (Investment Property Databank Ltd.)
算出ベース	不動産価値の算出法	土地	オーナーによる時価評価	・内部鑑定士による各年の鑑定 ・外部鑑定士による4年毎の鑑定 （時価会計の背景があり，インデックスの作成のために特別に評価したものではない）
		建物		

第Ⅱ部　研究会報告書

	賃料データ		会員である年金基金等のファンド（実質的所有者）からの成約賃料実績値	機関投資家（実質的所有者）からの成約賃料実績値
アウトプット	エリアカテゴリー		・米国全域 ・東部，中西部，南部，西部の4地域 ・各州	・英国全域 ・スコットランド，北アイルランド等を含むカウンティ（県） ・ロンドンシティ他4地区
	対象不動産カテゴリー	用途	オフィスビル（中心地型・郊外型），集合住宅，商業施設，研究開発施設，倉庫，森林，農地	オフィスビル，商業施設，工業施設
		規模	公表資料には規模分類なし	各用途に応じて面積規模により5段階に分類
	公表	開始時期	70年代末から作成，正式な開始は82年	85年
		頻度	四半期報告書，年次報告書の形で公表	月次報告書，年次報告書の形で公表
	平均をとるサンプル数		・サンプル数2,261件 ・総資産額617.6億ドル（約7.4兆円） ＊98年3月時点	・サンプル数13,721件 ・総資産額654億ポンド（約13兆円）英国機関投資家保有不動産の90％以上 ＊97年12月時点

（出所）不動産共同投資ハンドブック1999年（不動産シンジケーション協議会）

「不動産の証券化に関する研究会」資料

資料17

不動産関連税制の概要（平成12年度）

段階	税目	制度の概要 課税標準	税率	免税点	平成9年度税収額（土地・建物分）
保有	固定資産税（市町村税）	固定資産税評価額（＊）	標準税率 1.4% 制限税率 2.1%	土　地　30万円 家　屋　20万円	70,294億円
保有	都市計画税（市町村税）	固定資産税評価額（＊）	制限税率 0.3%	土　地　30万円 家　屋　20万円	13,257億円
保有	保有にかかる特別土地保有税（市町村税）	土地の取得価額（注）平成10年以降当分の間は、「修正取得価額」（取得後の地価変動を加味）	1.4%	・東京都の特別区及び指定都市　2,000㎡ ・都市計画区域を有する市町村　5,000㎡ ・その他　10,000㎡	789億円
譲渡	所得税（国税） 法人税（国税） 住民税（道府県税，市町村税）	「土地譲渡益課税の概要」参照			───
取得	不動産取得税（道府県税）	固定資産税評価額（宅地評価土地は価額の1/2）	4%	土　地　10万円 家　屋　23万円又は12万円	7,601億円
取得	取得にかかる特別土地保有税（市町村税）	土地の取得価額	3%	・東京都の特別区及び指定都市　2,000㎡ ・都市計画区域を有する市町村　5,000㎡ ・その他　10,000㎡	152億円
取得	登録免許税（国税）	固定資産税評価額（土地に関する登記は価額の1/3）	売買の場合 5%	───	6,488億円

（＊）地価公示価格の7割を目途に評価されるが、負担水準に応じた負担調整措置が講じられている。
（＊2）特別土地保有税（保有分・取得分）については、恒久的な建物等の用に供する等、有効利用されれば課税されない。

土地譲渡益課税の概要（平成12年度）

区分	その年の1月1日における所有期間	5年以内	5年超
個人	譲渡所得に該当する場合	次の①と②のいずれか多い方の税額による分離課税 ①譲渡益×40%（ほか住民税12%） ②総合課税による上積税額×110%	100万円の控除後の譲渡益について，次による分離課税（平10.1.1～平12.12.31までの間） 一律20%（ほか住民税6%）
個人	事業所得又は雑所得に該当する場合	同上 但し，平10.1.1～平12.12.31の間は不適用（＝通常の総合課税）	通常の総合課税
法人		通常の法人税に加え10%の税率で課税 但し，平10.1.1～平12.12.31の間は不適用（＝通常の法人税のみ）	通常の法人税に加え5%の税率で課税 但し，平10.1.1～平12.12.31の間は不適用（＝通常の法人税のみ）

資料18

不動産証券化・小口化商品に関連する不動産等税制（平成12年度）

	SPC法上のSPC		SPC法以外のSPC（商法上の株式会社または有限会社）	不動産特定共同事業		不動産信託（管理・処分型）
	実物	信託受益権		任意組合	匿名組合	
仕組み	オリジネーターが特定資産を売却し、SPCはこれを裏付けとして有価証券であるABS（優先出資証券、特定社債、特定約束手形）を発行し資金を調達	オリジネーターがSPCに特定資産を信託設定し、その受益権をSPCに売却、SPCは社債の発行（株式会社の場合）により資金を調達	オリジネーターが保有不動産を信託設定し、その受益権をSPCに売却、SPCは受益権を小口化して投資家に転売（株式会社の場合）により資金を調達 * エクイティ部分には海外出資や匿名組合出資を組み込む * 2 間接金融（ノンリコース・ローン）により資金を調達する場合あり	複数の投資家から出資を募り、不動産に共同投資し、収益を分配		オリジネーターが保有不動産につき信託設定をし、その受益権を小口化して投資家に転売（不動産税制の適用を受けるため一口当たりの価額、口数、転売の可否について制限あり）
事業者	SPC（SPCより委託を受けた管理会社が特定資産を管理・処分）		SPC（信託受託者が資金を管理・処分）	不動産特定共同事業上の許可業者		信託銀行
流通性	有価証券として、制度上換金可能		社債については換金可能	第三者への契約上の地位の譲渡可能		受益者が不動産税制の適用を受けるためには、転売不可
適用法等	SPC法		信託法ほか	不動産特定共同事業法		信託法・土地信託通達（平成10年）
オリジネーター	・譲渡益課税（土地重課については平成12年12月まで適用停止）	・信託受益権設定時→登録免許税（税率：6/1000） ・受益権譲渡時→譲渡益課税（土地重課については同左）	・信託受益権設定時→登録免許税（税率：6/1000） ・受益権譲渡時→譲渡益課税（土地重課については平成12年12月まで適用停止）	譲渡益課税（土地重課については平成12年12月まで適用停止）、組合成立時し持分出資し、課税関係は生じない		・信託受益権設定時→登録免許税（税率：6/1000） ・受益権譲渡時→譲渡益課税（土地重課については平成12年12月まで適用停止）

「不動産の証券化に関する研究会」資料

第Ⅱ部　研究会報告書

SPV税制

		SPV		組合	
資産取得時	不動産取得税	課税標準×1/2	不課税	持分取得時：本則どおり（税率：40/1000）組合組成時：不課税	課税標準×4/5
	登録免許税	税率軽減(25/1000)	不動産1個あたり1,000円	持分取得時：本則どおり（税率：50/1000）組合組成時：税率軽減(30/1000)	税率軽減(30/1000)
	特別土地保有税	非課税	不課税	持分取得時：本則どおり（税率：30/1000）組合組成時：不課税	非課税
配当時		90%配当ルールなど、一定の要件を満たした場合、支払配当は損金算入可能	通常の法人課税→社債については、利子の支払いの損金算入可	損益は組合員に帰属	
資産売却時		譲渡益課税（土地重課については適用除外）→通常は一定の要件を満たして支払配当に充当することで損金算入	譲渡益課税（土地重課、平成12年12月まで適用停止）→通常の法人課税	損益は組合員に帰属→組合員が法人の場合、譲渡益課税（土地重課については平成12年12月まで適用停止）	営業者に譲渡益課税（土地重課は平成12年12月まで適用停止）→組合事業で生じた損益は組合員に帰属し、組合員に分配されなかった損益等につき営業者に課税

「不動産の証券化に関する研究会」 資料

税制 投資家（個人）	配当時	優先出資証券：年間配当額に応じて異なる（例：年間配当が50万円以上の場合、20%源泉徴収後に申告して総合課税→配当控除なし） 特定社債：20%源泉分離課税	不動産所得（資産売却時には譲渡所得）	国税庁に照会中→不動産所得または雑所得（資産売却時には譲渡所得）	受益権取得時：登録免許税（不動産1個当たり1,000円） 受益配当時：不動産所得（信託不動産売却時には譲渡所得）
	譲渡時	優先出資証券：有価証券の譲渡所得として、26%の申告分離課税（上場されていれば、譲渡代金の1.05%の源泉分離課税の選択も可）。また、その有する資産が主として土地である法人の株式に該当するが、SPCが一定要件を満たしている場合には短期譲渡所得課税はなされない 特定社債：譲渡益が発生した場合のその分の所得税は非課税	譲渡所得課税	国税庁に照会中→譲渡所得または雑所得	社債については、譲渡益が発生した場合の、その分の所得税は非課税

第Ⅱ部　研究会報告書

資料19

流通課税等に関する国際比較

区　分	日　本	アメリカ	イギリス	ドイツ	フランス
流通課税	【登録免許税（国税）】所有権移転登記の場合：税率5％ 【不動産取得税（地方税）】税率：4％（住宅は3％） 【印紙税（国税）】不動産譲渡の場合　記載された契約金額に応じ，200～540,000円（階級定額） 【特別土地保有税（地方税）】一定規模以上の土地の取得の際に，取得価額を基に課税。税率は3％	【不動産移転税（州・地方税）】不動産権益の譲渡証券に記載されている売買価格（不動産譲渡価額）を基に課税。 （ニューヨーク州の例：不動産譲渡価額に対し0.4％ ニューヨーク市の例：不動産譲渡価額に対し，1.0％～2.625％）	【印紙税（国税）】不動産の取得価格の1％～3％で課税（6万ポンド以下はゼロ）。	【不動産取得税（州税）】不動産の取得価額に対し税率3.5％で課税 （建物の建築は取得には該当らない）	【登録税又は不動産表示税（国・地方税）】不動産の登記に際し，不動産譲渡額に対して課税。4.89％（中古の住宅用不動産の場合は，6.325％（パリ市）） 【印紙税】契約書1枚につき19フラン （付加価値税が課される場合には，原則として登録税又は不動産表示税は減免される。）
消費税 (1)税目 (2)主な税率 (3)免税・非課税措置 ○：課税 ×：課税され	消費税 (1)消費税 (2)5％（うち地方消費税1％）	(1)州小売売上税（45州及びコロンビア特別区） (2)ニューヨーク州4％（ニューヨーク首都圏では4.25％）ニューヨ	(1)付加価値税 (2)標準税率17.5％	(1)付加価値税 (2)標準税率16％	(1)付加価値税 (2)標準税率20.6％

「不動産の証券化に関する研究会」資料

ないもの			ーク市4％（州と合わせて8.25％）			
土地の譲渡		×	×（注）	×	×（原則）	×（更地）
建物の譲渡	新築	○	×（注）	居住用建物の建築……×（ゼロ税率）上記以外…○	×（原則）但し，建物の建築…○	○（完成前又は築後5年以内の初回の譲渡に限る。）
	中古	○	×（注）	×	×（原則）	×

（注）ニューヨーク州の場合
備考　各種資料より作成。

出典：「21世紀の土地政策の方向」国土庁土地局監修（99年4月）

第Ⅱ部　研究会報告書

資料20

最近の不動産の証券化・小口化に関する動向について

(1)　「特定目的会社による特定資産の流動化に関する法律」（SPC法）の改正

　1998年9月に施行されたSPC法については，不動産をはじめとする資産の証券化に向けた法的な枠組みを整備するものとして評価される一方，投資家保護が重視されたことなどによる使い勝手の悪さも指摘され，不動産の証券化事例については，SPC法に基づき設立された特定目的会社（以下「国内SPC」という）を活用したものよりも，海外（租税回避地）に設立される特別目的会社（以下「海外SPC」という）を活用するなど，SPC法のスキームによらないものが多いといわれる。

　こうした状況を踏まえて，今般，法律名を「資産の流動化に関する法律」と改め，流動化対象資産を財産権一般に拡大するとともに，国内SPCについての手続きの合理化を行い，また，新たに「特定目的信託」制度を創設することなどを内容とする改正法案が国会に提出されたところである。

(2)　不動産投資信託の解禁

　1998年12月に施行された「証券投資信託及び証券投資法人に関する法律」（以下「投信法」という）で導入された証券投資法人（いわゆる「会社型投資信託」）については，かねてから，活用の仕方によっては実質的にアメリカのREITに近い不動産証券化の器となり得るポテンシャルを備えており，本格的に不動産投資信託を導入するには，会社型投資信託について運用対象資産の範囲を不動産も含み得るように広げるべきであると指摘されてきたところである。

　こうしたことなどを踏まえ，今般，法律名を「投資信託及び投資法人に関する法律」と改め，運用対象資産を財産権一般に拡大する内容の改正法案が国会に提出されたところである。これにより，投資信託のスキームにおいて不動産

「不動産の証券化に関する研究会」資料

を運用対象資産に組み入れることができるようになり，本格的な不動産投資信託が解禁されることになると指摘されている。

(3) 不動産特定共同事業における規制緩和

　不動産の小口化の代表商品である不動産特定共同事業は，1995年4月に施行された不動産特定共同事業法に基づき行われるが，この法律については，現在，当初の投資家を保護するための規制法から，より規制色を薄め，投資家にとって投資しやすい制度への改善を目指し，1999年までに，最低出資額の制限緩和や投資家の契約上の地位の第三者への譲渡の解禁，投資対象となる不動産の選定・変更も含めた不動産による資金運用を専門家に一任する投資ファンド型事業の創設といった取り組みがなされたところである。

　今後も，不動産の投資判断を専門的に行う不動産投資顧問業の登録制度の創設や出資持分の売買情報を交換する共同売買市場の創設などが予定されているところである。

資料21

不動産証券化・小口化商品一覧

	SPC法上のSPC		SPC法以外のSPC（商法上の株式会社または有限会社）	不動産特定共同事業			不動産信託（管理・処分型）
	実物	信託受益権		任意組合	匿名組合		
仕組み	オリジネーターがSPCに特定資産を売却し、SPCはこれを裏付けとして有価証券であるABS（優先出資証券、特定社債、特定約束手形）を発行し資金を調達		オリジネーターが保有不動産につき信託設定をし、その受益権をSPCに売却、SPCは社債発行（株式会社の場合）により資金を調達 ＊エクイティ部分には海外SPCの出資や匿名組合出資を組み込む ＊2間接金融（ノンリコースローン）により資金を調達する場合あり	複数の投資家から出資を募り、不動産に共同投資し、収益を分配		不動産特定共同事業法上の許可業者	オリジネーターが保有不動産につき信託設定をし、その受益権を小口化して投資家に転売（不動産税制の適用を受けるために一口当たりの価額、口数、転売の可否について制限あり）
事業者	SPC（SPCより委託を受けた管理会社が特定資産を管理・処分）		SPC（信託受託者が資産を管理・処分）	不動産特定共同事業法上の許可業者			信託銀行
主たる投資家	個人、機関投資家		機関投資家	個人、法人			個人、法人
最低投資単位	特にない		特にない	現物出資100万円	金銭出資500万円		1,000万円
流通性	有価証券として、制度上換金可能		社債については換金可能	第三者への契約上の地位の譲渡可能			受益権が不動産税制の適用を受けるために、転売不可
投資対象	指名金銭債権 不動産 上記2つの信託受益権		不動産 不動産の信託受益権 不動産担保ローン	不動産			不動産
適用法等	SPC法		信託法ほか	不動産特定共同事業法			信託法・土地信託通達（平成10年）

「不動産の証券化に関する研究会」 資料

実績	(99年度) 不動産関連のみ 登録件数 14件 (実物3, 信託受益権11) (累計) 不動産関連のみ 登録件数 19件 (実物6, 信託受益権13) 証券発行総額 (上限) 合計 5,775億円 (2000年3月現在)	公表データ等なし	(99年) 新規募集件数 11件 (匿名組合型：10件, 任意組合型：1件) (累計) 新規募集件数合計 31件 新規募集総額合計 1,470億円 (2000年2月現在)	公表データ等なし

※日本でのCMBSの実績については、その販売が一般に私募形式で行われており、実態の把握は困難であると指摘されている。(新聞報道で、1999年3月以降に2件 (SPC法以外のSPCを活用) の実施例が確認できる。

第Ⅱ部　研究会報告書

資料22

海外の不動産証券化商品一覧

	アメリカ		オーストラリア
	REIT（上場株式型）	CMBS	プロパティトラスト（上場型）
仕組み	会社・信託等が株式・受益証券販売により投資家から集めた資金を不動産に投資し、投資家に収益を分配	商業用不動産の一次抵当権を担保とした貸付債権（モーゲージ）を証券化した特定資産型金融商品	信託会社又は運用会社（98年新法では責任法人：Responsible Entity）が、ユニットの発行により投資家から集めた資金を信託会社に信託し、不動産投資を行い投資家に収益を分配
事業者	銀行・保険業を除く法人、信託、社団等	銀行・保険業を除く法人、信託、社団等	・信託会社（Trustee） ・運用会社（委託者、管理者） 98年新法から責任法人（RE）のみ
主たる投資家	個人・法人	機関投資家、一般事業法人、個人	個人・法人
期間	永続が前提	一般的に15～30年	永続が前提
最低投資単位	法律上の制限なし（1株（10～30＄程度）から投資可能）	法律上の制限なし（通常1,000＄単位）	100豪＄程度
流通性	証券取引所に上場または店頭公開され換金可能（全体の約70%）	流動性は比較的高く、店頭市場で取引	証券市場で換金可能
投資対象	各四半期終了時、総資産の75％以上につき、不動産・不動産抵当貸付（モーゲージ）・他のREIT、公債、現金での運用が必要	商業用不動産の一次抵当権を担保とした貸付債権	複数の賃貸／新規開発不動産
適用法等	内国歳入法	内国歳入法	信託法、信託会社法、連邦会社法 MIA法（98年新法）
実績（円換算）	時価総額：1243億＄（約12.7兆円（99.12末））	年間発行額（99年）：673億＄（約6.9兆円）	時価総額：340億豪＄（約2.3兆円（99.12末））

出典：不動産シンジケーション協議会「不動産共同投資ハンドブック1999年」（1999年5月）、「『証券化プロセス研究会』報告書」（1999年12月）より編纂

資料23

日本における証券化の歴史

実施年		概　　　　要
施行等	改正等	
1931		「抵当証券法」の施行。 →抵当証券会社が企業や個人に融資した貸付債権とそれを担保する不動産の抵当権を一体のものとして小口化して販売。
1988		「抵当証券業の規制等に関する法律」の施行。 →販売を大蔵大臣の登録を受けた法人に限定し、販売方法を規制。またディスクロージャーを強化。
1973		住宅ローン債権信託取り扱いが開始（信託方式での流動化）。
	1988	委託者の拡大（住専のみ→銀行その他金融機関まで）及び投資者の拡大（信託銀行・年金勘定→機関投資家まで）。
	1993	住宅ローン信託受益権を有価証券に指定。
	1994	信託期間制限5年超の撤廃など。
1987		不動産小口化商品の登場。
1995		「不動産特定共同事業法」の施行。 →不動産共同投資事業における投資家保護を目的とする。
	1997	プロの投資家（特定投資家）に対しては、事業実施時期の制限などを解除。
	1999	投資家への最低出資単位を500万円まで引き下げ、出資持分の第三者譲渡を解禁。 一定の条件下で資産の入れ替えを認める「投資ファンド型事業」を創設。
	2000	不動産投資顧問業の登録制度の実施、出資持分の売買情報を交換する共同売買市場の創設などを予定
1993		「特定債権等に係る事業の規制に関する法律」（特債法）の施行。 →リース物品，リース債権，クレジット債権の証券化が可能となる。
	1996	国内ABS（資産担保証券）とABCP（アセット・バックCP）の発行が解禁。併せて，ABSとABCPを証券取引法上の有価証券に指定。
1998		「特定目的会社による特定資産の流動化に関する法律」（SPC法）の施行。 →不動産をはじめとする資産の証券化の基盤整備が進展。

	2000	SPC法の改正（予定） →海外SPCの活用が目立つなど，当初の期待ほどに活用されていないため，使い勝手の向上等を図るために改正（併せて「特定目的信託」制度を創設）。
	2000	「証券投資信託法」の改正。 →会社型投信，私募投信の解禁。 「証券投資信託法」の改正（予定） →運用対象資産を拡大し，不動産投資信託を解禁するなどの改正（これと並行して，東京証券取引所による不動産投資信託市場の創設などが検討されている）。
1998		「債権譲渡特例法」の施行。 →指名金銭債権譲渡における第三者対抗要件具備手続を簡便化（譲渡の登記）し，債権の証券化に寄与。
1999		「債権管理回収業に関する特別措置法」（サービサー法）の施行。 →民間に債権回収の専門会社を弁護士法の例外として認めるもの。
		日本版MBS，CMBSの登場 →海外SPCを活用した住宅ローン債権の証券化（MBS）や収益不動産向けのノンリコース・ローンの証券化（CMBS）が登場。
2000		「借家法」の改正 →定期借家権による貸主と借主の契約自由の原則を認める（正当事由の排除等）。

付 録

"Securitization of Real Estate in Japan"

"Securitization of Real Estate in Japan"

July 8, 2000.

ISAO KUBOTA

Ladies and gentlemen,

It is indeed a great pleasure to speak to you today at this memorable Antonian's Weekend – Centre Sessions.

My speech concerns the securitization of real estate in Japan and consists of three parts.

Firstly, I would like to explain various factors at work for progress of securitization of real estate in Japan. The subject relates to many areas and yet, there is a tendency in some quarters to focus on only one or two specific areas. This does not help to yield a proper understanding of what is happening now, or of what may happen in the future.

Secondly, I will touch on the progress being made for further promotion of the securitization of real estate in Japan. In other words, I will introduce recent government measures for the purpose.

Thirdly, I will assess the prospects for the securitization and suggest some policies for further progress.

First, the factors behind the recent progress of securitization of real estate. I would like to emphasize that the subject relates to many issues, ranging from the desire of those in real estate buisiness, to interest of households as well as pension funds as investers, and also to efficient macro – economic management of the Japanese economy.

Through the process of the securitization, we can improve the economic structure of the country, attain better allocation of resources – both real and financial – and expect increased welfare of the people, assuming, of course, that

付　録

policy measures are well chosen and the people react rationally.

I may be right in saying that the current round of enthusiasm for securitization of real estate in Japan originated in the desire of those in the real estate business.

The symbolic event in recent years was the introduction of the Special Purpose Company Law (SPC Law) in 1998. As you know, the Special Purpose Company Law offers you an opportunity to receive capital gains and income gained through investment into specific assets, such as real estate, without such income being taxed at the stage of the company which manages the entrusted funds. In other words, the special purpose company is a financial vehicle which experts call conduit.

Faced with a strong need to improve their financial statements, especially the balance sheets, in the face of declining price of land, real estate companies which have abundant plots of land have long wanted to sell their property, or more precisely, to separate those plots of land from their balance sheets. Measures introduced, such as the SPC Law and those measures included in recent revision of the Law of Securities Investment Trust and Companies, make the sale of real estate property much easier.

Through the sale of property, companies can improve their financial statements, because by selling these plots, they can do away with undesirable assets.

Incidentally, the price of land in Japan has declined for nine years consecutively, though the decline has slowed over these years. The land price index for commercial areas of the three greater regions, or the three metropolises, declined from 336.8 in the peak year in 1991 to 96.1 in 2000. Also, the residential land price index of the three greater regions, declined from 262 to 142.1 during the period. In the case of local regions, the declines have been smaller. According to the lastest information, the decline in general still continues, though in the case of plots of land in the real heart of the Tokyo metropolis, there seems to be some turn in the tide.

The desire to do away with holdings of unececessary plots of land is becoming much stronger because of the pending changes of accounting methods. One such change is the policy toward more strict application of consolidation of financial statements among parent companies and their subsidiaries. In the past, you could conceal your bad assets, be they financial assets or real estate property, by transferring them to your subsidiaries, thereby making your own balance sheets look a bit better. But with a stricter application of consolidation of financial statements, such a trick cannot work.

The other tendency is to evaluate the real estates more by current market value. Increasingly, companies are required to assess their assets by current market value and not by historical cost or acquisition cost. The implication is obvious. With low market prices of real estate property, your balance sheets look more miserable under the new requirement.

I have talked so far about one merit of securitization of real estate for the real estate business; that is securitization could make the balance sheets better.

Another merit of securitization for the real estate business is that it offers a new and probably less costly means of fund raising. There are broadly three ways to raise funds for the business; issue stocks or shares, borrow from banks, issue bonds or debentures.

However, these three methods of fund raising, as you know, are made on the basis of the credit standing of the entity as a whole. If a company is doing well, it can issue stocks to the public easily, it can borrow money cheaply from banks, and it can issue bonds with relatively low interest rate.

But when a company is not doing well, things become more complicated. Even when it can raise money through these traditional channels, it becomes costly. In worst cases, the company cannot attract any new money at all by these traditional methods.

付　録

Securitization of real estate offers a new window of fund raising based on the value of the specific property a company holds. If the real estate property, on which financial instruments are created, is good because for example, it promises a good cashflow, the company can raise funds relatively cheaply, even if it is running a deficit. Here is an additional attraction of securitization of real estate for those in the real estate business. Thus, as I said earlier, securitization of real estate offers a new and probably less costly means of fund raising.

In this context, I must touch, very briefly, on the implications of creation of financial assets based on housing loan claims, or mortgage backed securities, for financial institutions, be they in the public or private sector. In other words, on its implications for commercial banks and for the public housing loan corporation.

By securitizing their housing loan claims, these financial institutions can attain some of their desires. By creating new asset based on loan claims, i. e. by issuing mortgage backed securities, which is what is meant by securization in this case, they can reduce the size of their assets. As a result, they can improve their BIS ratio, or capital to risk asset ratio. They can also attain a better ROA(return on assets) ratio and, in some cases, a better ROE(return on equity) ratio.

Here, I should introduce briefly the implications of introduction of the BIS capital requirement, or risk-asset ratio, to Japanese commercial banks and to the Japanese financial circle. Back in the 1970s and 80s, we were discussing how to preserve stability in international financial markets. The forum of the discussion was what we call the Basle Committee, or the Committee for Supervisory and Regulatory Authorities, the only commitee at Basle which includes representatives of non-central bankers.

I was the committee member representing the Japanese Ministry of Finance from 1981 to 1983. At that time, we were addressing various risks involved in international financial transactions at the committee,(which we call the Cook

Committee after the chairman of the committee) such as liquidity risk, transaction risk, interest rate risk and solvency risk.

Another important issue at that time apart from risk was who should be responsible for supervision of banking subsidiaries. In order words, whether the authorities of the parent bank should be in charge of the supervision, or the authorities of the host country. There was a famous rule on the division of labour on supervision between these two different authorities, named concordat. So our argument was whether we should revise the existing rule under new circumstance, and if the answer was "yes," how?

However, in the middle of the 1980s, discussions on solvency risk was advanced among three countries; the U. S., the U. K., and Japan. The argument was that, in order to secure "level playing fields" among internationally active banks of different nationalities and to contribute to stability in international financial markets, major banks should be required to have enough capital.

For that purpose, every major internationally active bank should observe a minimum risk asset-to-capital ratio or BIS ratio. In my understanding, it was obvious that the target was Japanese banks, which were expanding their lendings rapidly at the cost of low profit margins. The strategy worked, and perhaps worked too well. It looks now like people in Japan are too sensitive to the BIS ratio. Thus is the importance of securitization in its relationship to the BIS ratio.

Looked at differently, financial institutions can reduce their interest rate risk and liquidity risk through the securitization.

I have talked so far about why those in real estate business and financial institations want further securitization.

Next, I would like talk about the second factor behind the recent progress toward the securitization; that is, the desire of investors, such as households and institutional investors, for better returns on their funds. The desire is partly real and partly potential.

付　録

Perhaps, you are familiar with the fact that Japan enjoys huge amount of household savings or manageable funds. At the end of March 1999, which is the latest date for which data are available, the total amount of the financial funds held by the households amounted to 1.316 quadrillion yen, or 11.96 trillion dollars, at an exchange rate of 110 yen to a dollar, according to a report by the Bank of Japan.

Out of this huge amount, 723 trillion yen, or 55 percent of the total, is in the form of bank deposits and another 364 trillion yen, or 28 percent of the total is entrusted either to insurance companies or to private pension funds. In other words, as much as 83 percent of the financial funds of the households is in the form of what we call "safe assets"

This is a sharp contrast to the share in the US, where only 10.8 percent of household financial funds is deposited in bank accounts, while as much as 42.5 percent is held in the form of stocks or similar assets, and 32.1 percent is entrusted either to insurance companies or to pension funds.

While it may be wrong simply to compare statistics of the two countries and, based on that, to predict what might happen in Japan, there are reasons why people in Japan might be much more interested in assets other than bank deposits in the future.

The first reason is that bank deposits in Yen promise virtually no interest payment under the present low interest rate policy. While low interest rate is the other side of the coin of an economy with extremely stable prices, people still want to have some interest payments.

Though it is a digression, I must draw your attention to the fact that prices are stable, or too stable in Japan at present. For example, the consumer price index declined by 0.5 percent in the past year to March and the wholesale price declined by 0.4 percent in the past year to April. While some tend to ascribe the decline in price indexes to the sluggishness of the economy, I would hold that

that is one of the evidences that we are now succeeding in the long-awaited restructuring of our economy.

Going back to the subject, I must say that people now want higher returns on their investment.

The second reason why investors should have much greater interest in assets other than bank deposits, is that Japan cannot be immune to historic changes in the structure of the financial circle world-wide. It is obvious that the role of commercial banks as intermediaries of funds has been declining for many years, and for some obvious reasons.

Among other things, a decline in the credit standing of ordinary commercial banks owing to their mismanagement, first through their excessive lendings to developing countries in the early eighties and second through their improper domestic lendings in many countries thereafter, made the chanelling of funds through banks from individuals to corporations, more expensive than other means of channelling. In other words, leading companies in the world, with their high credit rating, can now raise funds more cheaply through other means than commercial banks.

In addition, various financial techniques adopted by ordinary commercial banks to improve their strength in fact rather weakened their competitiveness.

For example, the introduction of floating interest rate lending by commercial banks reduced what we call the interest rate risk of banks and made these banks free from interest rate fluctuation risk. The appearance of loan markets, which offer opportunities for commercial banks to sell bad loans at discounted value, enabled banks to be free from liquidity risk at the cost of capital loss. When you do not carry risks, you can not obtain the returns inherent in them.

Anyway, a decline in the role of ordinary commercial banks naturally reduced the attractiveness of bank deposits. In many countries, including the U. K., France, Germany, and the U. S, the share of bank deposits out of the total finan-

付　録

cial funds of households has been declining over the years. Only in Japan, has the share remained stable.

The third factor behind the progress toward securitization is that policies to advance the securitization of real estate have been in place. Supported by these policies, investors are expected to evaluate the opportunities offered to them by new and traditional financial instruments in the form of securities, including securities based on real estate property. I will talk about specific policies later.

Next, I would like to take up institutional investors, including private pension funds and insurance companies, focusing on pension funds.

At the end of March 1999, the amount of funds managed by private pension funds stood at 87 trillion yen, or 0.79 trillion dollars and the amount of funds managed by public pension funds amounted to 213 trillion yen, or 1.94 trillion dollars. As you know, the funds of public pension funds are ear-marked for the Fiscal and Investment Loan Programme of the government. So, the focus of attention here is naturally on private pension funds.

In the case of private pension funds, unlike the case of households, the diversifivation of assets has been well advanced. 37.3 percent of the total is invested into securities other than stocks, 26.4 percent into stocks, 13.9 percent into foreign securities and 13.2 percent in lending.

However, it seems that very little is invested into real estate property, the figure for which looks negligible, and very little indeed into securities related to real estate. That is understandable to some extent, because if you faced a declining land price, you would not dare to invest much in real estate.

However, it would be a surprise if fund managers never thought of further diversification of their portfolio by investing into new types of instruments such as securities related to real estate. We used to have the famous 5-3-2-2 rule applicable to private pension funds, which set the maximum ratio up to which you could invest into specific assets. In the case of real estate property, you could not invest into it over 20 percent of the total funds that you managed. We expressed our intention to abolish the famous rule in the Financial Service Talks between Japan and the US in 1995 and we abolished it accordingly. But it did not lead fund managers of private pension funds to invest in real estate property and its related financial instruments. The problem is not that they did not invest into it, but that they never thought of investing into it at all. I shall come back to this later.

Next, I would like to look briefly at the progress toward the securitization of real estate. In 1993, the Business Asset Securitization Law was introduced, which led the way to securitizing leasing claims, credit claims and so on. Based on that law, asset backed securities and asset–backed Commercial Papers appeared in the market in 1996. By the way, when I first met my counterpart of the US as a co–chairperson of the Financial Service Talks between Japan and the US in summer 1994, the first issue raised by my counterpart, Mr. Tim Geithner, who is now Under–Secretary of the US Treasury, was whether it was possible to issue asset–backed securities in Japan. The answer was "Yes". In 1995, the Real Estate Syndication Law was enacted. Restrictions have been softened over the years and further measures to help sound developments in this area are expected this year.

On the so–called Special Purpose Company Law introduced in 1998. It is well known that originally, the law was meant to deal with certain financial assets and not with real estate property. In the process of preparation of the law, however, it was decided to include real estate property. Ironically, the Special Purpose Company Law is most noted at present, in my understanding, for its ability to deal with real estate property.

Lastly, late last May, the law revising the Law on Securities Investment Trusts and Companies was passed by the Diet. By the revision, we now can expect real estate investment funds which are comparable to the traditional securities investment funds. According to the law, the revision comes into force less than six months after the public notice of the law. Which means that new types of funds including those which heavily invest into real estate property would appear before the winter bonus season of this year.

Now, why is it that we are so keen on securitization of real estate. On one hand there is a strong desire from the public as I have just explained. On the other hand, there are macro-economic considerations, which are partly related to more efficient utilization of domestic savings and partly to the improvement of the economic structure of Japan.

As you are aware, we have the problem of the budget deficit. According to the budget for FY 2000, which started last April, the expenditure of the general account of the central government amounts to 85 trillion yen. Out of this 85 trillion yen, as much as 32.6 trillion yen or 38.4 percent of the expenditure, is to be financed by borrowings.

At the end of the FY 2000, the outstanding amount of long-term bonds of the central government is expected to reach 364 trillion yen. The total amount of debt of the central government, including that of the long-term government bonds would reach 485 trillion yen. In addition, the local governments have their own debt. Thus, the outstanding amount of debt at the end of this fisical year, of the central and local governments combined, would be around 645 trillion yen, or 129.3 percent of the GDP. As such, policies to make effective use of abundant household funds are important.

Also, issues related to the economic structure of Japan are at stake. Among other things, as the securitization has been advanced mainly by those in the real estate business up to now, and not by those in the financial business, at least in Japan, there remains much room for improvement in the terms of the financial products, (i.e. securities based on real estates) and for potential business opportunities.

On the terms of financial products first. Or on attractiveness of securities created on real estate property. It might be reasonable to assume that those in the financial business, such as the banking business and securities business, have much expertise in making more attractive and sophisticated financial products.

As the securitization of Japan has been advanced mainly by those in the real estate business, it looks that there is room to create more attractive securities through increased participation of financial people. In addition, they are more accustomed to handling financial instruments to customers. So their participation would induce investors into the securities. Also, there is room for new business opportunities related to securitization of real estate.

Further diversification and sophistication of securities based on real estate property would make it more visible to the people which piece of real estate is attractive and which piece is not. Through the process, we may well expect better allocation of resources on the part of real estate.

Here are the recommendations of the Study Group of Securitization of Real Estate commissioned by the National Land Agency.

Bearing in mind that there is much room for improvement in the environments surrounding the securitization of real estate and with the suspicion that studies made so far by others are not well–balanced, we asked experts to engage in a deep analysis of the subject last December. During the deliberation, we had opportunities to listen to those in the business from other countries.

The study, which was completed after intensive discussion on the subject for four months, reached the conclusion that the recent progress toward the securitization of real estate property is reasonable and welcome, that there is much potential for further progress, which is again welcome, and that additional steps should be taken to make this potential into reality.

The first recommendation of the report is on the disclosure of relevant information. In Japan, the price of specific transaction of real estate property, such as land, is not disclosed to the public, because the disclosure allegedly intrudes on the privacy of the people. However, if we are to have efficient markets of any kind, disclosure of relevant information on transactions is a must. Specific prices of individual transactions should be known not only to the real estate companies which are involved in the transaction but also to the public and the third parties which have interest in the transaction, to the extent possible, the report says.

Transparency in the real estate property markets is conducive to the successful creation of securities based on the real estate property. There were some who argued that the relevant information was already available to anyone who had interest in the business. However, some were of the view that the information was availble only to those in the real estate business. In their view, the monopoly of the information by them prevented other groups from making more attractive securities with their expertise in financial service. Also, further development of real estate related indexes is recommended.

The second recommendation is that we should improve the quality of the appraisal of real estate property. There is no need to explain why it is important. I must add that the report also preaches the importance of having highly qualified real estate appraisers.

The third recommendation is that securities markets in Japan should be further matured. We should see to it that the securities markets have the depth and width to match the size of the funds available and the size of the economy. While noting recent impressive progress in diversification of the government bonds, the report points to the need for similar progress on the part of commercial papers and debentures. Perhaps we should have more comprehensive policies for securities markets, in addition to policies for individual securities. Matured securities markets would naturally be kind to securities based on real estate property.

Fourthly, the report urges those concerned, be they in real estate business, financial intitutions or investors, to have more enterprising spirits. The potentiality is there, policy measures are prepared and yet people are quiet and seem to be indulgent, the report implies. The assumption naturally is that there is much room for further progress.

It may sound odd that a comprehensive and theoretical analysis on the subject, the nature of which is essentially technical, should end with a description of enterprising spirits. But it may well symbolize the present atmosphere in some quarters in Japan and I would like to pay due respect to the experts' conclusion.

Thank you.

(The END)

(Note) Mr. Isao Kubota is former Vice-Minister of the National Land Agency, the Government of Japan. The speech was delivered at the Nissan lustitute, the University of Oxford, on the occassion of the 50 th Anniversary Meetings of the St. Antony's College.

【編著者略歴】

久保田勇夫（くぼたいさお）

昭和17（1942）年12月6日生まれ、福岡県出身。
昭和41年3月　東京大学法学部卒業、4月　大蔵省採用
昭和44年6月　オックスフォード大学経済学修士
昭和60年6月　大蔵省国際金融局国際機構課長
昭和63年6月　同　　国際金融局為替資金課長
平成元年6月　同　　大臣官房調査企画課長
平成6年7月　同　　国際金融局次長
平成7年7月　同　　関税局長
平成11年7月　国土事務次官
　等を経て
現在、都市基盤整備公団　副総裁（平成12年9月〜）
主な著書に、「現代の国際金融」（財経詳報社）、「世界を動かす日本―国際金融の新展開」（財経詳報社）、「国際交渉のＡＢＣ」（大蔵財務協会）など、他に財政金融政策、租税政策、開発援助などの論文がある。

展望　日本の不動産証券化
― 不動産証券化への多面的アプローチ ―

2000年11月30日　第1版第1刷発行

編　著　久 保 田 勇 夫

発 行 者　松　林　久　行
発 行 所　株式会社 大成出版社
東京都世田谷区羽根木 1 ― 7 ― 11
〒156-0042　　電話　03(3321)4131(代)

©2000　久保田　勇夫　　　　　印刷　亜細亜印刷
落丁・乱丁はおとりかえいたします。
ISBN4-8028-1940-4